YINGKE® 盈科

盈科全国业务指导委员会系列丛书·2024

老年权益与银发经济法律保障指引

盈科律师事务所／编
刘　海／主编
吴之仪　贾西贝／副主编

法律出版社 LAW PRESS · CHINA
北京

图书在版编目（CIP）数据

老年权益与银发经济法律保障指引 / 盈科律师事务所编 ; 刘海主编 ; 吴之仪, 贾西贝副主编. -- 北京 : 法律出版社, 2025. -- ISBN 978 - 7 - 5197 - 9951 - 9

Ⅰ. D922.74

中国国家版本馆 CIP 数据核字第 2025RJ4310 号

老年权益与银发经济法律保障指引
LAONIAN QUANYI YU YINFA JINGJI FALÜ BAOZHANG ZHIYIN

盈科律师事务所 编
刘 海 主 编
吴之仪 贾西贝 副主编

策划编辑 朱海波 杨雨晴
责任编辑 朱海波 杨雨晴
装帧设计 汪奇峰 臧晓飞

出版发行 法律出版社
编辑统筹 法律应用出版分社
责任校对 蒋 橙
责任印制 刘晓伟
经　　销 新华书店

开本 710 毫米 × 1000 毫米 1/16
印张 12.25 **字数** 180 千
版本 2025 年 2 月第 1 版
印次 2025 年 2 月第 1 次印刷
印刷 固安华明印业有限公司

地址:北京市丰台区莲花池西里 7 号(100073)
网址:www.lawpress.com.cn
投稿邮箱:info@lawpress.com.cn
举报盗版邮箱:jbwq@lawpress.com.cn
销售电话:010 - 83938349
客服电话:010 - 83938350
咨询电话:010 - 63939796

书号:ISBN 978 - 7 - 5197 - 9951 - 9
定价:55.00 元
凡购买本社图书,如有印装错误,我社负责退换。电话:010 - 83938349

YINGKE® 盈科

盈科全国业务指导委员会
系列丛书编委会

总 主 编

李 华

副总主编

杜 芹 闫拥军 陈 浩 东海霞

出版统筹

郭 琪 丁 萌 冯 玥 张静彤

本书编委会

主 编

刘 海

副 主 编

吴之仪 贾西贝

前言

《人口学词典》对人口老龄化的定义是,人口老龄化是指人口中老年人比重日益上升的现象,尤其是指在已经达到老年状态的人口中,老年人口比重继续提高的过程。

定义有两层含义:一是人口老龄化是一个老年人口比重不断提高的动态过程;二是特指人口年龄结构已经进入老年型人口状态。

老年型人口和人口老龄化是既有区别又有联系的两个概念。老年型人口是人口老龄化发展的结果,是人口中老年人口比重超过一定界限的状态。而人口老龄化是人口总体在向老年型人口演变或者在老年型人口基础上进一步发展的过程。

国际上通常用老年人口比重作为衡量人口老龄化的标准,老年人口比重越高,人口老龄化程度也越高。一般把60岁及以上的人口占总人口比重达到10%,或65岁及以上的人口占总人口比重达到7%作为一个国家或地区进入老龄化社会(或老年型人口)的标准。

在全球人口老龄化趋势下,我国也已迈入中度老龄化社会。根据国家统计局的数据,截至2022年年末,全国60周岁及以上老年人口28,004万,占总人口的19.8%;全国65周岁及以上老年人口20,978万,占总人口的14.9%;全国65周岁及以上老年人口扶养比为21.8%。

2023年年末,我国60岁及以上人口达到29,697万,占全国人口的21.1%,其中,65岁及以上人口21,676万,占全国人口的15.4%。

预计今后10年,每年还将有超过2000万的新增老年人。在这个背景下,老年权益与银发经济发展成为社会关注的热点问题,无论是在财产继承、健康保障，还是在消费、居住、婚姻等方面的权益保护，老年人所面临的法律问题不再仅限于传统的民事纠纷，还涉及刑法、行政法等多个领域。

故笔者撰写了《老年权益与银发经济法律保障指引》一书，本书旨在通过梳理与老年群体密切相关的法律法规，结合真实案例和专业建议，为老年人及其家属提供系统的法律知识和实用指导。

同时，随着银发经济的兴起，如何通过法律手段保障老年人在消费、养老、医疗等方面的权益成为亟须解决的问题。无论是对医疗养老机构、商业旅行等相关行业，还是老年个体在日常生活中所面临的法律问题，本书都将提供详细的分析和应对策略，帮助老年人及相关服务机构更好地应对法律风险。

此外，本书还展望了老年法律服务的未来发展方向，并为老年人维权提供了实用的工具和指南，旨在为构建更加公平、透明和有效的老年人法律保障体系贡献力量。

CONTENTS
老年权益与银发经济法律保障指引

目录

第一章

民事法律有关规定、案例和建议

选择民法作为本书的第一章，是因为在老年人法律保护的诸多领域中，民法始终扮演着核心角色。民法规范个人之间的权利义务关系，涵盖老年人在生活中可能遇到的各种法律问题，如继承、财产分割、居住权、监护制度等。这些问题直接关系老年人的财产安全、生活保障和合法权益。尤其是《民法典》的颁布和实施，其中新增的诸多条款特别注重老年群体的权益保护，使民法在老年法律保障中更加重要。本章将详细梳理《民法典》的相关内容。首先，解释老年人在行为能力和责任能力方面的法律规定，帮助老年人及其家属了解在具体情况下如何维护自身权益。其次，本章会重点介绍继承、遗赠扶养协议和意定监护制度，这些都是在老年人财产安排和生活照顾中的关键问题。最后，本章还会讨论共有财产分割、居住权设立、养老金追索等方面的法律问题，帮助老年人更好地理解并运用法律工具保障自己的合法权益。通过这些内容的分析，我们希望读者能够深刻认识到，民法不仅是保护老年人基本权利的法律基础，也是老年人在日常生活中最紧密相关的法律领域之一。

第一节　老年人的行为能力与责任能力

《民法典》对老年人的行为能力和责任能力作出了相应规定，旨在考虑老年人的身体和心理状况变化的同时，通过系统的法律框架确保其权益不被侵害。

一、行为能力

《民法典》对于行为能力的划分主要依据个人的认知能力，包括完全民事行为能力、限制民事行为能力和无民事行为能力。该划分为老年人权益的法律保障奠定了基础，确保其在不同健康状态下的行为与财产权益能够得到合理保护。

完全民事行为能力，是指个人能够独立实施各类民事法律行为，具有完整的法律权利和责任承担能力。老年人在未丧失认知和判断能力的情况下，仍享有独立决定和处理自己事务的权利。这一能力确保老年人可以自由处分财产、签订合同、选择医疗方案等，充分保障其自主权。法律明确指出，老年人不会因为年纪增大而自动丧失这一权利，除非其健康状况有所变化。

限制民事行为能力适用于那些不能完全辨认自己行为的老年人。根据《民法典》第 22 条的规定，限制民事行为能力人虽不能完全独立行动，但仍可以在特定情况下独立实施对其有利的法律行为，如接受赠与、处理简单的日常事务等。除此之外，大多数复杂的民事行为需由法定代理人辅助实施，或由代理人代为完成。这一制度旨在通过代理或协助机制，平衡老年人自我决定与保护之间的关系，确保其免受因判断力下降带来的风险。

对于因疾病或其他原因完全无法辨认自己行为的老年人，《民法典》将其认定为无民事行为能力人。《民法典》第 21 条规定，这类老年人需要由法定代理人全权代理其民事行为，以防止他们因无法作出准确判断而受到侵害。例如，在涉及财产处分或合同签订的场合，代理人可以帮助老年人避免因健康原因而遭受财产损失。《民法典》还赋予利害关系人或相关组织申请法院认定老年人为限制或无民事行为能力的权利。这类认定一旦生效，能够有效防止老年人因认知能力下降而作出损害自身利益的决定。

二、责任能力

责任能力与行为能力密切相关,它是指个人对其行为所产生的法律后果负有责任的能力。一般而言,成年人在具备完全行为能力的情况下,也具备完全的民事责任能力。但老年人因健康状况变化,可能丧失或部分丧失行为能力,相应地,其责任能力也需要重新评估和界定。

对于具备完全民事行为能力的老年人,他们承担全部民事责任。《民法典》强调,老年人在自主实施的行为中应当对其后果负有法律责任,包括履行合同、承担侵权责任等。当老年人因健康状况丧失或部分丧失辨认能力时,其责任能力也会相应减弱或消失。对于限制民事行为能力或无民事行为能力的老年人,其法定代理人需承担相应责任。例如,若老年人无行为能力,法定代理人需负责替老年人履行法律义务或承担其法律责任。这种法律安排确保了老年人的利益和责任能够得到平衡,且不会因其个人能力的丧失而陷入困境。

三、行为能力与责任能力的法律保障

为了保障老年人的合法权益,《民法典》明确规定了相关监护制度。根据法律规定,利害关系人或相关组织可以申请法院为丧失或部分丧失行为能力的老年人指定监护人,监护人有责任为老年人代理各类法律事务,保障其基本生活需求和财产安全。此外,法律允许老年人在其具备完全行为能力时,与亲属或其他人达成书面监护协议,提前指定监护人。这种"意定监护"机制赋予老年人主动选择监护人的权利,在他们丧失或部分丧失行为能力时,监护人可以全权代为处理生活事务,维护老年人利益。

《民法典》不仅关注老年人权益的保护,还强调社会、家庭等各方对老年人的责任。随着老龄化社会的加剧,如何平衡老年人的自主权和保护义务成为法律亟须解决的问题。通过对行为能力与责任能力的制度设计,法律为老年人的特殊情况提供了有效的保护机制,同时,为社会提供了明确的操作规范。

四、案例分析

前面提到,老年人在丧失或部分丧失行为能力时,其合法权益如何通过法律途径得以保护,是《民法典》及相关法律中一个关键问题。监护制度,特别是限制行为能力人的相关规定,在这一过程中发挥了重要作用。以下通过几个典型案例,结合《民法典》及其配套法规,探讨法律对老年人行为能力与责任能力的精细化保障。

(一)监护人与老年利益保护

"宋某1与宋某法定继承纠纷案"是将未成年人案件中的家事观护员概念引入涉无民事行为能力老年人案件的首次尝试,在一定程度上反映了法院在涉及特殊老年人群体时作出的灵活性调整。

该案中的宋某因患有阿尔茨海默病被法院宣告为无民事行为能力人,其女宋某1担任监护人。宋某的妻子朱阿姨去世后,宋某1希望继承母亲的遗产,但由于父亲是无民事行为能力人,她无法通过公证途径解决继承问题。宋某1只能将父亲宋某作为被告诉至法院,诉请继承母亲名下遗产。

此案件的特殊性在于,原告和被告名义上是独立的主体,但实际上原告既是被告的监护人,形成了"自己与自己打官司"的局面。为避免监护人"代为诉讼"导致被监护人权益受到侵害,法院决定适用家事观护员制度。该制度在涉及未成年人的抚养权、监护权案件中已有应用,但本案是首次将这一制度扩展至老年人权益保护领域。法院委派了3名家事观护员,调查原、被告的财产状况、生活状况,并列席庭审,提出建议,确保宋某的合法权益不受损害。

此案涉及《民法典》第28条和第32条的无民事行为能力人监护制度。依据这些条款,无民事行为能力人需由其监护人代理参与民事诉讼。然而,由于宋某1既为原告又是被告的监护人，容易导致老年人的权益被忽视——这样的问题在讨论老年监护制度时常有产生，即在老年人身体、精神情况退化，行为能力显著丧失时，如何平衡老年人的自治权能和自身利益。法院在衡量这些问题时，经常会被迫在“老年人想要的”“对老年人最有利的”“监护人主张的”这三者之间作出选择，然而，司法的繁忙和粗放性通常会导致部分案件盲目地趋向于全以监护人的意思为准。本案正是使这种矛盾彻底浮出水面，对由司法单位维护老年人的权利的主动性提出了更高的要求，因此，作为回应，法院尝试性地引入家事观护员制度，委派独立第三方进行审查和建议，从而避免监护人可能因利益冲突而损害被监护人的权益。

在一定程度上，家事观护员制度在该案中起到平衡双方利益的作用，通过观护员的调查报告，法院了解到宋某的生活需求及其财产状况，最终判决宋某在法定继承基础上适当多分遗产。该案的审理为今后法院处理类似的问题、当事人可以提出的主张，都提供了一定的参考性经验。

（二）社会力量介入老年人监护

根据《民法典》的规定，在近亲属无法履行监护责任的情况下，社会力量如居民委员会也可以被指定为无民事行为能力老年人的监护人。在“陈某监护人指定案”中，法院根据这一点将居民委员会指定为无民事行为能力人陈某的监护人。

在该案中，77岁的陈某患有阿尔茨海默病，失去了自理能力，且无子女，由于唯一近亲属胞妹长期居住国外，无法承担照料责任。陈某的居住地居民委员会长期照料其生活，并为其处理就医等相关事务。在此情况下，居民委员会向法院申请宣告陈某为无民事行为能力人，并请求担任其监护人。

法院在审理过程中，结合社区的调查意见和医学鉴定报告，认定陈某确为无民事行为能力人。因陈某的胞妹虽具监护顺位在前，但无法实际履行监护职责，法院依照《民法典》第33条，指定居民委员会为陈某的监护人，负责其生活照顾及财产管理。

《民法典》第 28 条至第 32 条规定了成年人监护制度,并强调“最有利于被监护人”的原则。在该案中,法院审慎评估了陈某的生活状况及其近亲属的实际能力,最终认定由居民委员会担任监护人最符合陈某的利益。该案例展示了公职监护在老年人权益保护中的重要作用,尤其是在家庭监护缺位的情况下,社会组织能够承担起照顾和保护老年人的责任。此类社会干预不仅是对老年人合法权益的保护,也是对现代社会老龄化挑战的一种积极回应。

(三)无民事行为能力宣告与监护人指定的结合

基于最高人民法院《关于贯彻执行〈中华人民共和国民法通则〉若干问题的意见(试行)》(已失效)第 16 条规定:“对于担任监护人有争议的,应当按照民法通则第十六条第三款或者第十七条第二款的规定,由有关组织予以指定。未经指定而向人民法院起诉的,人民法院不予受理。”因此,一般来说,我们认为法院不能在宣告公民无民事行为能力的同时指定监护人。

但是在宣告无民事行为能力时同时指定监护人,能够降低诉讼的烦琐性。在“熊某明与熊某平申请指定监护人案”中,法院灵活处理了上述程序问题。

在该案中,熊某平因高血压导致瘫痪,无法认知和表达,生活完全不能自理。其兄弟熊某明为支付熊某平的护理费用,申请宣告其为无民事行为能力人,并要求自己担任监护人。法院审理后认为,熊某平确实已完全丧失行为能力,同时熊某明具备监护能力,因此支持了其申请,宣告熊某平为无民事行为能力人,并指定熊某明为其监护人。

因此,尽管《民法典》及相关司法解释未明确规定宣告无民事行为能力和监护人指定是否可以同时进行,但从司法实践角度来看,法院在本案中结合当事人的实际情况,合并处理了这两项请求,在简化程序的同时避免了当事人多次诉讼的负担。该案例表明,在特定情形下,法院可以灵活处理无民事行为能力的认定与监护人指定问题,以确保司法效率和公平性。通过合并处理无民事行为能力宣告和监护人指定程序,既减轻了当事人的诉累,也体现了法律对老年人及其监护人的实际需求的回应。当事人也可以此案为依据，向法院进行相应的主张。

通过上述案例可以看出，《民法典》在保护老年人行为能力及监护制度方面提供了一定的法律支持，但仍然缺乏针对这一特殊群体独特需求的切合性规定。在实务应用中，法院通常需要结合老年人的特殊情况，运用家事观护员制度、指定社会组织为监护人、合并审理等方式，灵活应变，确保老年人，尤其是民事行为能力存在瑕疵的老年人的合法权益得到充分保障。

第二节　《民法典》中的继承新规

《民法典》对继承法进行了重要的修订和补充。新规在遗嘱形式、继承人范围、财产继承种类等方面作出了较大调整，以适应社会变化的复杂需求。这些新规在一定程度上提高了遗嘱形式的灵活性，还进一步明确了继承的具体细节，保障继承人的合法权益，并规避潜在的法律风险。

一、继承编新规解读

录像遗嘱和打印遗嘱。在传统的继承法体系中，公证遗嘱被视为最具法律效力的遗嘱形式，但这一模式存在诸多实际操作的局限性。立遗嘱的人往往是年迈的老人，很多时候，前往公证处进行遗嘱公证并不容易。对于一些身体不便或行动受限的老人来说，公证遗嘱形式可能带来较大的负担。特别是在偏远地区，公证处距离较远，老人需要长途奔波，公证手续的烦琐更增加了难度。再者，许多老年人受教育程度有限，文化水平不高，在填写书面遗嘱时可能遇到诸多困难。为了解决这一现实问题，《民法典》新增了两种立遗嘱的方式："录像遗嘱"和"打印遗嘱"。录像遗嘱允许老人通过录像的方式表达自己的遗嘱内容，不再要求书面形式，操作相对简便，适用于不识字或表达能力有限的老人。只需使用录像设备记录下遗嘱人对财产分配的说明,并且保证两名无利害关系见证人的参与,便可视作有效遗嘱。而打印遗嘱则允许遗嘱人通过打印方式代替手写,解决了手写不清晰或不规范的问题。《民法典》第1136条明确规定,打印遗嘱应当有两个以上见证人在场见证。遗嘱人和见证人应当在遗嘱每一页签名,注明年、月、日。因此,如果打印遗嘱有两个见证人在场见证,并且遗嘱人和见证人都在遗嘱的每一页签名并注明日期,那么这样的遗嘱是有效的。上述两种遗嘱形式的引入,为老年人提供了更多选择,简化了立遗嘱的程序,也降低了遗嘱无效的风险。

见证人制度。根据新规,无论是代书遗嘱、打印遗嘱、以录音录像形式订立的遗嘱还是口头遗嘱,立遗嘱时都需要有两个以上的见证人在场见证,且这两名见证人不能是与遗嘱分配相关的利害关系人。需要注意的是,子女等潜在的继承人不能充当见证人。两名无利益关系的见证人在场见证,能保证遗嘱的制定过程没有外界强迫或不当影响,增强遗嘱内容的公正性和合法性。这一规定目的是确保遗嘱能真正反映遗嘱人的个人意愿,在防止"被迫遗嘱"现象的发生上具有重要作用。

"宽恕"制度。《民法典》设立了遗嘱宽恕制度,允许继承人在特定条件下恢复其继承权。这一制度体现了对家庭和谐的维护和对个人改过自新的机会的尊重。具体来说,《民法典》第1125条规定,如果继承人有以下行为之一,将丧失继承权:故意杀害被继承人;为争夺遗产而杀害其他继承人;遗弃被继承人,或者虐待被继承人情节严重;伪造、篡改、隐匿或者销毁遗嘱,情节严重;以欺诈、胁迫手段迫使或者妨碍被继承人设立、变更或者撤回遗嘱,情节严重。然而,如果继承人在上述行为后表现出悔改,并且被继承人表示宽恕或者在遗嘱中将其列为继承人,那么该继承人将不丧失继承权。这一规定旨在保护家庭和谐,给予有过错的继承人一个改过自新的机会。值得注意的是,这一宽恕制度并不适用于故意杀害被继承人或为争夺遗产而杀害其他继承人的情况,因为这些行为已经上升为刑事犯罪,超出了宽恕的范围。

“最新遗嘱优先”原则。在旧的继承法中，公证遗嘱具有最高效力，无论遗嘱人是否之后又立下其他遗嘱，只要有公证遗嘱存在，其他形式的遗嘱都会失去效力。这导致在某些情况下，遗嘱人后续的遗嘱无法得到执行，尤其是在遗嘱人临终前有意改变遗嘱内容时，仍然无法更改公证遗嘱所约定的财产分配方案。《民法典》引入了最新遗嘱优先原则，废除了公证遗嘱的绝对优先地位。根据这一规定，只要遗嘱符合法律的基本要求，最后一份时间最接近的遗嘱将具有最高效力。这一变化使遗嘱人在临终前仍有机会根据自身实际情况调整财产分配，确保遗嘱能够反映最新的意愿。

继承人范围的扩展。随着家庭结构的逐渐变化，传统的直系继承模式已经无法满足现代社会的继承需求。近年来，很多家庭子女数量减少，甚至没有直系子女继承人。为了解决这一问题，《民法典》扩大了继承人的范围，纳入了旁系亲属，如侄子、侄女、外甥、外甥女等。这一规定特别适用于那些没有直系亲属的遗嘱人，在其去世后，这些旁系亲属可以成为合法的继承人，避免了遗产无人继承的法律真空。同时，新的继承人范围也有助于减少遗产继承中的社会矛盾，避免因直系亲属缺失导致财产被不合理分配。

二、限制继承的财产类型

除继承的主体和形式外，《民法典》也明确了继承的客体。具体而言，《民法典》明确了几类不能继承的财产，避免了对财产性质的误解。下面对受限制的财产类型进行逐一介绍。

首先，共有财产中的他人部分。若被继承人与他人共有财产，则被继承人只能继承属于自己的份额，属于他人的部分不能作为遗产继承。最常见的情况是夫妻共有财产，在这种情况下，只有被继承人拥有的那部分可以作为遗产分配。

其次，使用权性质的财产。例如，农村宅基地使用权和公有住房使用权。宅基地属于农村集体所有，个人只能拥有使用权，无法继承。而公有住房的使用权同样归国家或单位所有，只有在房屋产权属于个人时，才能作为遗产继承。

再次，人身性质的权利。例如，署名权、修改权等知识产权。虽然被继承人的子女可以继承版权收入等财产性权利，但作者的署名权、修改权等个人专属的权利无法继承。

复次，死亡赔偿金和抚恤金。这些补助款项是对死者近亲属的抚慰和经济补偿，而不是遗产，因此不能作为遗产被继承。

最后，保险金能否继承要看是否指定了受益人。如果指定了受益人，保险金属于受益人，而不是被继承人的遗产。

三、《民法典》新规在实务中的运用

"张某 2 诉赵某等继承纠纷案"是《民法典》实施后，关于继承的新规在实践中被运用的具有代表性的案件。案件围绕遗嘱的形式及效力展开，特别是涉案录像遗嘱是否符合《民法典》继承编的要求。以下通过对案情的分析，展示新规如何在继承纠纷中发挥作用。

在该案中，张某 2 起诉赵某及其子女，要求继承位于天津市津南区的房产。原告张某 2 声称，其父张某发在临终前以口述遗嘱的形式，将该房产指定给自己，相关视频记录了这一过程。然而，被告赵某（张某 2 的弟媳）以及其子女（张某 3 和张某 1）对此提出异议，认为张某发无权单独处置该房产，且该视频不应作为合法遗嘱。

案件的争议焦点之一就是，张某发在临终前口述的录像是否符合《民法典》关于录像遗嘱的规定，并具备法律效力。原告张某 2 提供了一段录像，记录了张某发在临终前表达将房产留给她的意愿。然而，被告对此提出异议，认为视频画面模糊、现场混乱，且没有见证人的姓名或职业信息，故不具备法律效力。根据《民法典》第 1137 条的规定，以录音或录像形式立遗嘱，必须有两个以上的见证人在场，且应在录音录像中明确遗嘱人和见证人的姓名、肖像及时间等信息。法院在审理后认为，虽然录像中未明确见证人的姓名和职业，但在场人（张某发的两个弟弟）可以被认定为见证人，且视频反映了张某发的真实意愿。法院最终认定该录像符合《民法典》规定的录像遗嘱形式要件，具备法律效力。

该案首次在司法实践中运用《民法典》关于录像遗嘱的规定。除此之外，法院还运用了《民法典》中的"最新遗嘱优先"原则。尽管录像遗嘱是在张某发临终前立下的，且没有进行公证，但由于符合《民法典》的相关规定，其效力优先于此前经过公证的遗嘱，继承人在法律框架内，能够根据最新的遗嘱进行财产分割，不再受限于遗嘱的公证形式。

由此可见，《民法典》对继承规定的修订在一定程度上使继承制度更加灵活化，规避了遗嘱形式过于僵化的弊端。

第三节　高龄遗嘱及生效要件

一、高龄遗嘱执行问题

遗嘱执行，是指在遗嘱生效后，遗嘱执行人需要根据遗嘱的具体要求，对遗产进行一系列的管理和分配工作。这个过程涉及诸多方面，包括但不限于确认遗嘱的有效性、清理和评估遗产、支付债务、分配财产给继承人等。然而，高龄遗嘱执行问题则是一个特殊而复杂的情况，主要是指老年人在立下遗嘱后，由于他们身体或精神状况的变化，可能会导致遗嘱无法顺利执行或执行过程中遇到困难。

在探讨高龄遗嘱执行问题时，我们首先要认识到老年人的身体状况可能会随着时间的推移而逐渐恶化。这可能会导致他们失去清晰的思维能力、沟通能力或对周围事物的理解能力。在这种情况下，遗嘱的执行可能会受影响,因为遗嘱执行人可能难以与老年人进行有效的沟通,无法确定他们的真实意愿。此外,老年人可能会患上一些疾病,如阿尔茨海默病、帕金森病等,这些疾病可能会影响他们的认知和决策能力,使他们无法准确表达自己的意愿,进而影响遗嘱的执行。

除了身体状况,老年人的精神状况也可能对遗嘱执行产生影响。例如,他们可能会产生情绪波动、焦虑、抑郁等问题,这可能会干扰他们对遗嘱的理解和执行。此外,老年人在晚年可能会面临家庭关系的变化,如子女之间的矛盾、财产纠纷等,这些问题可能会引发争议,给遗嘱的执行带来困难。为了解决高龄遗嘱执行问题,我们可以采取一系列措施。

首先,提前规划是非常重要的。老年人应该在身体和精神状况相对健康的时候,尽早立下明确、详细的遗嘱,并确保遗嘱的更新和维护。这样,可以减少后续可能出现的争议和困难。同时,定期评估和更新遗嘱也是必要的,以反映老年人的意愿和变化的情况。

其次,选择可信赖的遗嘱执行人至关重要。遗嘱执行人应该是一个公正、有责任心且能够理解老年人意愿的人。他们需要具备良好的沟通和协调能力,能够与各方进行有效的合作,以确保遗嘱的顺利执行。此外,建立透明的遗嘱执行程序和规定有助于避免纠纷和误解。

再次,家庭成员和老年人之间的沟通也非常关键。家庭成员应该尊重老年人的意愿,与他们进行坦诚的对话,了解他们的期望和关切。通过开放和尊重的沟通,可以减少不必要的争议,并为遗嘱的执行创造良好的氛围。

最后,法律和社会支持也是解决高龄遗嘱执行问题的重要因素。法律体系应该提供明确的规定和指导,以确保遗嘱的有效性和执行的公正性。同时,社会可以提供相关的咨询和支持服务,帮助老年人制定遗嘱,并为遗嘱执行人提供必要的培训和指导。

总的来说,高龄遗嘱执行问题是一个需要我们关注和重视的领域。通过提前规划、选择合适的执行人、加强家庭沟通以及依靠法律和社会支持,我们可以更好地应对这一问题，确保老年人的意愿得到尊重和实现，遗产得到合理的管理和分配。这样，不仅可以维护家庭和谐，也可以为社会的稳定和公平作出贡献。

接下来，本书将通过几个案例深入剖析高龄遗嘱执行问题，以探寻解决高龄遗嘱问题的具体方法和途径。每个案例都将详细描述遗嘱人的具体情况、遗嘱的内容和要求，以及在执行过程中所面临的问题和障碍，为读者提供更全面的法律知识和参考。通过对法律规定的解读和案例的对比分析，我们可以更加明确在遗嘱执行过程中的权利和义务，以及如何运用法律手段来解决可能出现的纠纷和争议。

二、案例解析

遗产的分割和继承往往引发家庭内部的争端，尤其在涉及多份遗嘱或代书遗嘱等复杂情况下，如何确保遗嘱的合法性和公正性成为关键。本节通过几个典型案例，探讨如何依据《民法典》妥善处理遗产继承中的法律问题，并总结老年人在立遗嘱时需要注意的法律要点。

案例一：代书遗嘱的效力问题

本案的法律核心问题在于，老年人在订立代书遗嘱时，由于形式不符合法律规定，可能导致遗嘱无效。通过分析本案，可以理解法院如何通过遗嘱的形式要件判断其合法性，影响遗产分割。

老赵因卧床大半年，决定将唯一一套房产通过遗嘱留给一直照顾自己的女儿。老赵因脑溢血无法书写，便由朋友代书遗嘱，并由见证人和老赵捺手印确认。为了确保遗嘱的有效性，女婿还用手机录下整个过程。视频显示，这位朋友写完之后，一字一句念给老赵听，为了确保是老赵的本意，他还询问老赵："知道赵×是谁吗？"老赵答："我闺女。"问："你病好了之后跟谁一块儿过啊？"老赵答："我闺女。"问："将来你的房子给谁啊？"老赵答："给我闺女。"

询问完成之后,朋友拉起老赵的手,在遗嘱上捺上了手印,两位见证人也签上了自己的名字,整个过程都由女婿用手机录了下来。

遗嘱订立后不久,老赵去世,儿子则主张独自继承房产,拒绝承认遗嘱的合法性。在法庭上,女儿出示了遗嘱和录制的视频证据。然而,法院最终判决老赵的遗嘱无效,认为遗嘱并非老赵的真实意思表示,而是见证人在遗嘱的拟定和执行过程中起了主导作用,未能体现遗嘱人自主的意愿。法院裁定,老赵的遗产由两名子女共同继承。

《民法典》明确规定,代书遗嘱必须符合一系列严格的形式要件,尤其是见证人应在场全程见证遗嘱的形成,并确保遗嘱是遗嘱人真实意思的表示。在本案中,法院认为代书过程并不完全体现老赵的独立意志,而是被见证人过度引导,由见证人反复提示被继承人、宣读提前拟好的遗嘱并拉着被继承人的手捺印。因此,遗嘱无效。

本案提示,在遗嘱的订立过程中,形式的合法性至关重要,代书遗嘱不仅要有两个以上见证人在场,见证人必须保持中立且不得干涉遗嘱人的意愿。在订立代书遗嘱时,我们需要注意以下几点:第一,代书遗嘱应由见证人代书,注明年、月、日,并由遗嘱人、代书人和其他见证人签名,并确保见证人在场全程见证遗嘱的形成过程;第二,见证人不能是无行为能力人,限制行为能力人,继承人,受遗赠人,以及与继承人、受遗赠人有利害关系的人;第三,任何干预遗嘱人意愿的行为都可能导致遗嘱无效,必须确保遗嘱人真实的意思表示。在代书遗嘱的过程中不要有任何他人提示、询问、打断、引导甚至出镜的情况出现。之后保管好录制视频的原始载体,不能复制和剪辑。

案例二:公平原则下的遗产分配

如何在遗嘱有效的前提下,保障特殊群体(如无劳动能力、无生活来源的老年人)的合法权益,并在遗产分割中平衡法理与情理?在本案中,谢某与前妻聂某育有4个子女,聂某去世后,谢某与张某再婚,但未生育子女。谢某去世后，留下了一份遗嘱，表示其房产由4个子女平分。然而，谢某与张某再婚后共同购买的一份理财产品未在遗嘱中提及，张某主张理财产品应当归自己继承，并认为遗嘱未对缺乏生活来源的自己保留足够的遗产份额，违反了《老年人权益保障法》的相关规定。

法院经审理认定，谢某的自书遗嘱有效，房产由谢某的子女平均继承。但对于未在遗嘱中明确的理财产品，法院基于对老年人的人文关怀，判决其全部归张某继承，保障了张某作为无劳动能力老年人的合法权益。

《民法典》规定了对缺乏生活来源和劳动能力的继承人予以特别照顾的制度；也规定了对被继承人尽了主要扶养义务或者与被继承人共同生活的继承人，分配遗产时，可以多分。在本案中，法院结合相应的原则分割遗产，既尊重了谢某的遗嘱，也在未明确的财产继承问题上，确保了张某的合法权益，在遗嘱的有效性与社会保障需求两点之间进行了平衡。尤其是在老年人权益保护领域，法院不仅要关注遗嘱的合法性，还可以对老年人生活保障进行适当倾斜，将法理与情理相结合。

在遗产分割的类案中，我们可以以此案为例，向法院主张对无生活来源和无劳动能力的老年人进行特别关注，必要时对其进行额外保护。即便存在有效遗嘱，法院仍有可能依据《民法典》《老年人权益保障法》等相关规定，确保老年人的基本生活保障。除此之外，从订立人的角度来看，订立遗嘱时也应尽可能明确所有财产的分配，避免留有未被处置的遗产，导致不必要的法律争议。

案例三：事实婚姻与遗产的证明问题

与上述案件的不同之处在于，本案涉及对继承财产进行证明的问题。在本案中，原告举证不足，未能证明自己对全部遗产享有继承权，也未能提供证据支持被告非法占有遗产的主张，因此丧失了原本有可能获得主张的权利。

谢某沛2023年去世，留下银行存款及利息作为个人合法遗产。原告（谢某沛的儿子)声称谢某沛没有遗嘱,且未签订遗赠扶养协议,因而要求继承谢某沛的全部遗产。然而,谢某沛与前妻离婚后,与被告杨某共同生活近20年。从谢某沛2017年查出糖尿病、高血压,2020年起腹泻不止,再到2022年5月确诊胃癌直至病逝,都是被告带他治疗并照顾起居、负担治疗费用。被告主张自己与谢某沛的事实婚姻关系,应当继承相应遗产份额。原告则要求被告返还谢某沛生前给被告的款项200万元,并提交了一份公证书,证明谢某沛名下银行存款的继承权。然而,被告抗辩,自己并未占有谢某沛的银行账户,且原告未能提供证据证明被告非法占有该财产。法院最终裁定驳回原告的全部诉讼请求,认为原告未能提交充分的证据证明自己的主张,应承担举证不能的不利后果。

法院判决认为,原告提交的公证书仅涉及谢某沛名下中国银行存款及利息的部分,并未确认原告继承谢某沛的全部遗产。对于谢某沛其他财产的继承权,原、被告之间仍存在争议,且原告未提供其他证据证明自己对这些遗产的继承权。此外,原告主张被告占有谢某沛的银行存款,但未能提供相关证据,法院基于举证不能的原则驳回了原告的请求。

本案的法律核心在于《民事诉讼法》关于举证责任的规定。根据该法第67条的规定,当事人对自己提出的主张有责任提供证据,无法提供证据的当事人将承担举证不能的不利后果。在本案判决中,无论是"原告提交的公证书仅对谢某沛名下中国银行中的存款及利息进行处理,并未确认谢某沛其他遗产均由原告继承并归属于原告,且原、被告对于谢某沛其他遗产的继承仍存在争议,而对于仍存在争议的遗产,原告无权依据所有权请求返还",还是"对于原告依法继承的谢某沛名下中国银行中的存款及利息,原告主张由被告占有并要求返还,被告抗辩并未占有控制该账户,原告并未提交证据证明其主张,应当承担举证不能的不利后果",这两句话共同说明了一个重要的法律原则,即在主张自己享有遗产或者对方非法占有遗产的情况下,都需要提供证据来支持自己的主张,否则将承担举证不能的不利后果。

上述内容提示，一方面，当涉及遗产继承时，原告需要通过提供充分的证据证明自己对特定遗产的继承权。例如，公证书可能仅涉及银行存款及利息的处理，但这并不意味着原告自动继承了谢某沛的其他遗产。如果原、被告对于其他遗产的归属存在争议，那么原告需要提供更多的证据来支持其对其他遗产的继承权主张。另一方面，在主张被告非法占有遗产时，必须有足够的证据证明被告的占有行为。如果被告对占有行为进行抗辩并声称并未占有控制相关账户，那么原告有责任提供证据来反驳被告的抗辩。如果原告无法提供这样的证据，根据法律原则他们将承担举证不能的不利后果。

这一法律原则的重要性在于确保公平和公正的裁决。在法律诉讼中，证据是关键，它帮助法庭了解事实真相并作出合理的判断。如果没有足够的证据支持一方的主张，那么他们可能无法获得所期望的结果。为了避免举证不能的不利后果，当事人在涉及遗产纠纷时应该高度重视证据的收集和准备。这可能包括寻找遗嘱、相关文件、银行记录、证人证言等。此外，寻求专业法律意见也是明智之举，律师可以帮助当事人了解他们的权利和义务，并指导他们在诉讼过程中如何有效地举证。

这一原则也强调了在法律程序中的谨慎和责任感。当事人应该意识到，仅凭口头声称或假设是不足以在法庭上获胜的。他们需要通过确凿的证据来支持自己的主张，以确保自己的权益得到妥善保护。

此外，关于本案中特殊的"事实婚姻"关系，被告在本案中主张自己与谢某沛存在事实婚姻关系，并且对谢某沛尽了长期的扶养义务。根据《民法典》的相关规定，事实婚姻中的扶养人有权继承被继承人的遗产，特别是对于被扶养人无劳动能力、长期处于健康不佳状态的情况。被告在长期共同生活期间，对谢某沛的照顾和经济支持，构成了她主张遗产继承权的重要依据。出于公平原则的考虑，在事实婚姻中，扶养义务在一定程度上能够得到法院的认可，并可以据此主张相应的权利。因此，在类似案例中，扶养人若尽到了长期扶养义务，可以通过证明共同生活、扶养义务的事实来维护自己的合法继承权益。

案例四:遗产分配中的伦理和家庭责任问题

在遗产继承案件中,涉及的法律问题往往不仅关乎财产的分配,还涉及伦理、家庭责任以及法律程序的合规性。本案法院就医疗费用是否应从遗产中扣除的争议问题进行了解答。

在本案中,原告冯某1与两被告冯某2、冯某3是亲姐妹,其父亲冯某4在去世前立下遗嘱,规定原告对其名下财产享有40%的继承权。原告与被告之间的争议主要集中在以下几个方面:遗产范围的确认、原告与被告在被继承人生前支付的款项是否应在遗产范围内扣除,以及代书遗嘱的合法性。具体而言,原告主张冯某4的银行存款和房产应按照遗嘱分配,但被告冯某3和冯某2则提出原告曾从父亲处取出存款自用的抗辩。此外,原告为冯某4垫付的医疗费6769.11元,与被告垫付的25,874.98元的医药及护理费是否应从遗产中扣除,成为争议的焦点之一。

本案的关键争议在于原告与被告所垫付的医疗费用是否应当从遗产中扣除。法院认为,根据《民法典》第519条的规定,遗产的分割应当清偿被继承人依法应当缴纳的债务。在一般情况下,被继承人生前所产生的医疗和护理费用应作为遗产的负担,优先进行清偿。但是,法院特别提到,冯某1、冯某2和冯某3作为被继承人的女儿,其支付的医疗费和护理费属于家庭内部的正常支出,体现了对父亲的照料和孝道。因此,较小金额的支出不应从遗产中扣除。法院强调了中华民族的传统美德,即对老年人的赡养是子女的基本责任。法院最终裁定分配给冯某1、冯某2、冯某3、冯某4的银行存款在清偿相应医疗费用后,再按继承份额进行分配,但驳回原告冯某1的其他诉讼请求,强调了家庭责任与孝道的重要性。

本案提示,尽管医疗费、医药护理费可以作为被继承人生前支付的款项在遗产范围内先行扣除,但是考虑社会道德伦理和家庭责任问题,作为被继承人的子女，为父母支付金额不大的花费符合人之常情，因此，小额费用不应在遗产范围内扣除，这是因为赡养父母是每个子女应尽的责任和义务，是基本的道德准则。

三、总结与启示

通过上述案例可以总结出以下几点老年人立遗嘱和遗产继承时应注意的法律要点。

首先，明确遗嘱内容并及早立遗嘱。老年人应及早通过法律规定的形式立下明确的遗嘱，尽可能在遗嘱中对所有财产进行分配，防止因死亡后无人继承或遗产分配不明引发的纠纷。在这个过程中，遗嘱的合法性和效力在遗产继承中尤为重要。在老年人订立遗嘱时，无论是遗嘱生效的形式要件还是实质要件都需要尤为注意。其中，形式要件要求：自书遗嘱应由遗嘱人亲笔书写，签字并注明日期；代书遗嘱应由两个以上见证人在场见证，并由其中一人代书，所有人签字并注明日期；遗嘱的形式要求必须严格遵守，任何形式上的瑕疵都有可能导致遗嘱无效。实质要件要求，遗嘱必须是遗嘱人的真实意思表示，不得受到外界干扰、诱导或胁迫；在遗嘱订立过程中应避免任何利害关系人的介入，确保遗嘱的独立性和公平性。

此外，出于公平原则的考虑，在订立遗嘱时，理应特别关注无劳动能力或无生活来源，以及履行了大部分扶养义务的继承人，适当为其保留必要份额或多分财产。在财产状况或家庭关系发生重大变化时，应及时更新遗嘱，以确保遗产分割符合法律和遗嘱人的真实意愿。由于遗嘱涉及法律专业性较强，建议老年人订立遗嘱时，寻求律师等专业人士的帮助，确保遗嘱符合法律规定。通过以上注意事项，老年人可以有效避免遗嘱无效或继承纠纷，实现财产的合法继承。

最后，出于对证明责任的考虑，在遗产纠纷中，主张遗产的一方必须提供充分证据证明自己的继承权，包括银行存款、公证书等财产信息应齐全，同时,需谨慎收集被继承人死亡时所遗留的全部财产信息,避免举证不能的不利后果。

第四节 遗赠扶养协议

一、遗赠扶养协议的制度框架

《民法典》继承编明确了法定继承、遗嘱继承和遗赠扶养协议的基本制度。其核心内容包括:明确法定继承人的顺序、遗嘱自由的原则以及遗赠扶养协议等具有养老功能的特殊制度。继承制度的设立不仅是对财产分配的法律安排,同时,也为老年人在晚年提供了一定的生活保障。

《民法典》第 1127 条规定了法定继承的顺序,第一顺序继承人为配偶、子女和父母。这一制度确保了老年人在配偶去世后,能够依法继承财产,保障其生活来源。法定继承顺序的设置在保障亲属间基本伦理关系的同时,也为家庭内的经济扶持提供了法律依据,确保老年人获得必要的生活支持。

《民法典》第 1133 条及其后续条款规定了遗嘱继承的基本制度,赋予老年人自主处置个人财产的权利。遗嘱自由是继承法的重要原则,允许老年人在生前对其财产进行安排。这不仅为老年人提供了财产处置的自由,也在一定程度上激励家庭成员履行赡养义务。

二、遗赠扶养协议的功能与缺点

遗赠扶养协议是《民法典》中特别规定的一项制度,旨在解决一些老年人面临的赡养和遗产分配问题。根据《民法典》第 1158 条的规定,公民可以与他人订立遗赠扶养协议,扶养人承担对老年人的生活照顾义务,老年人在去世后将财产遗赠给扶养人。这一制度在老年人没有近亲属或家庭成员不履行赡养义务时，成为保障老年人晚年生活的重要法律工具。

遗赠扶养协议是一种典型的双务合同，被扶养人和扶养人之间存在权利义务对等的关系。扶养人提供生活照料，而被扶养人在去世后将部分或全部遗产遗赠给扶养人。通过这种安排，老年人能够获得生活照顾的保障，而扶养人则获得相应的财产继承权益。

相较于单纯的遗嘱继承或法定继承，遗赠扶养协议为老年人提供了更为灵活的养老方式。尤其是在缺乏家庭支持的情况下，老年人可以通过签订此类协议，确保自己在晚年能够得到充分的生活照顾。同时，这激励扶养人履行其合同义务，因为他们在履行扶养义务后将能够合法获得遗赠的财产。

然而，遗赠扶养协议在实践中仍然存在突出的局限性。遗赠扶养协议虽然是一种合同，然而合同法的通识性规定在遗赠扶养协议中的运用却存在一定的冲突性。首先，遗赠扶养协议实质上兼具债权和死因处分双重性质。这导致其在履行问题上存在错位——扶养义务是生前履行，而财产遗赠则是在被继承人去世后才发生效力。因此，如何协调这种双重性质在法律适用中产生的问题，成为遗赠扶养协议的一大难题。在合同法的框架内，常规的对等履行原则难以完全适用，从而导致合同条款履行时，双方权利义务难以完全对等，特别是对扶养人而言，未来的财产遗赠仍存在不确定性。

其次，不安抗辩权是合同法中的重要救济措施，允许一方在对方履行能力不确定时中止自己的履行，然而，在遗赠扶养协议中，由于扶养义务在前，遗赠在后，不安抗辩权的适用产生了复杂性，尤其是当被继承人挥霍财产或有生前处分行为时，扶养人难以获得有效保障。不安抗辩权适用于双务合同，但在遗赠扶养协议中，扶养义务先行履行，而遗赠仅在被继承人去世后才生效。这样的履行时间错位使扶养人在履行过程中面对不确定的风险，特别是在被继承人可能大量处分财产的情况下，扶养人无法通过不安抗辩权中止其扶养义务。例如，若被继承人在协议生效后出售其主要遗赠财产，扶养人难以保护自己的预期利益。虽然扶养人可在违约后主张救济，但合同履行期间扶养人的利益无法通过不安抗辩权直接保护,导致协议存在现实中的执行困境。

相类似地,违约责任的运用也存在一定的模糊性。在遗赠扶养协议中,违约责任的设定较为复杂,尤其是在双方的义务错位背景下。如果扶养人未能履行生养死葬义务,合同能否解除以及遗赠是否仍然有效,现行法律的规定并不清晰。此外,被继承人违约的情形较为特殊,比如,其生前处分财产是否构成违约及其责任如何追究,现有法律对此规定不够明确。

一般合同法中的违约责任主要是针对未能履行约定义务的当事人设定补救措施,但在遗赠扶养协议中,扶养义务是生前履行,遗赠是死因处分,导致违约情形的复杂化。例如,扶养人未履行义务时,是否可以解除合同并取消其继承权利?如果被继承人生前处分了应当遗赠的财产,是否应承担违约责任?现有法律未能对这些复杂的违约情形提供明确的救济途径,导致违约责任的模糊性,影响了协议的稳定性和可操作性。

遗赠扶养协议的现行法律条文较为简单,主要规定了物质供养与遗赠的基本框架,但未能应对复杂的实际问题。例如,当扶养人仅部分履行扶养义务时,法院是否应判定遗赠部分无效?抑或当协议未明确规定精神慰藉时,如何衡量该义务的履行?这些不确定性导致在司法实践中,法院裁决标准不一,提高了协议执行的难度和不确定性。

总的来说,遗赠扶养协议的局限源于协议的合同性质和死因处分性质的错位,也源于现行立法对复杂养老需求的忽视。为应对现代社会多样化的养老需求,需要在现行法律框架下进行扩展。有学者建议引入更灵活的继承协议机制,以补充遗赠扶养协议的不足,从而为不同需求的老年人提供更全面的法律保障。这种扩展性讨论有助于弥补遗赠扶养协议的局限,也能够为法律实践提供更灵活的工具,以应对复杂的社会现实。

三、现行案例与有效性问题分析

遗赠扶养协议作为一种合同性质的法律行为,其有效性与合同的有效要件密切挂钩。协议人需协议的合法性,特别是在扶养人履行义务和财产权转移方面不违反法律规定,否则将会引起协议无效的问题。以下以“侯某某与相某某等遗赠扶养协议效力纠纷上诉案”为例进行分析。

侯某某与相某某等遗赠扶养协议效力纠纷上诉案

在该案中,侯某1(遗赠人)与第一任妻子育有一儿一女,分别为侯某1和侯某某。2007年8月30日,北京市密云区某村村民委员会出具一份证明,内容为:“侯某1在我村建北正房四间、西厢房三间,房屋产权属于个人所有,特此证明”,该证明上盖有该村村民委员会和北京市密云区某镇人民政府的公章。2007年8月30日,某镇第五居民委员会出具证明,内容为:“某镇第五居委会居民侯某1,1948年2月生人,现年59岁,未婚,无子女,现一人生活,特此证明。”2007年9月3日,侯某1与贾某1(扶养人)签订遗赠扶养协议,内容为:“自1999年起扶养人贾某1承担扶养遗赠人侯某1的义务,坐落于密云县某村的北正房四间、西厢房三间等属于遗赠人侯某1的所有财产,在侯某1去世之日,遗赠给贾某1。”该协议随后在北京市密云县公证处进行了公证。

侯某1于2008年2月去世后,贾某1承担了侯某1的丧葬事宜。然而,2021年9月,贾某1也去世,侯某某向法院提起诉讼,要求确认这份遗赠扶养协议无效。侯某某认为,贾某1并未完全履行扶养义务,且该协议违反了有关宅基地使用权的法律规定。

北京市密云区人民法院经审理认为,遗赠扶养协议中涉及的宅基地使用权问题是关键。宅基地使用权仅限于本集体经济组织成员享有,非本集体经济组织成员无权取得或变相取得宅基地使用权。根据《物权法》(已失效)和《土地管理法》的相关规定,宅基地使用权与享有者的特定身份紧密相关,不能通过遗赠或其他方式转移给非集体经济组织成员。在该案中,侯某1早在1994年已转为非农业户口,贾某1也不是涉案房屋所在村的集体经济组织成员。因此，侯某1与贾某1签订的遗赠扶养协议，实际上使贾某1变相取得了宅基地使用权，违反了法律和行政法规的强制性规定。法院认定该协议无效，并支持了侯某某的诉讼请求。

相某某等不服一审判决，提起上诉。北京市第三中级人民法院认为，遗赠扶养协议是一种合同性质的法律行为，遗赠人与扶养人通过协议约定，扶养人承担遗赠人的生活照料和死后安葬义务，作为回报，遗赠人去世后，将其财产遗赠给扶养人。然而，虽然双方自愿签订了这份协议，但遗赠的房屋位于农村宅基地上，而宅基地使用权仅限于本集体经济组织成员拥有。根据"房地一体"的原则，遗赠人处分其名下的房屋必然涉及宅基地的使用权。侯某1早已转为非农业户口，且贾某1不是该村集体成员，双方签订的遗赠扶养协议试图变相转让宅基地使用权，这一行为违反了《土地管理法》和《物权法》（已失效）的相关规定。最终，二审法院驳回了上诉，维持了一审判决，确认遗赠扶养协议无效。

该案主要涉及两个重要的法律问题：遗赠扶养协议的性质及其与农村宅基地使用权的关系。根据继承编和相关司法解释，遗赠扶养协议是一种有偿合同，扶养人以提供照料和扶养为对价获得财产继承权。在该案中，侯某1与贾某1的协议实际上就是这种典型的遗赠扶养协议。贾某1承诺照顾侯某1的日常生活，并为其办理后事，作为回报，侯某1将其名下的房产遗赠给贾某1。然而，这类合同虽然涉及财产处分，但仍必须符合国家法律和行政法规的强制性规定，尤其是在涉及农村宅基地的情况下。

该案的另一焦点是农村宅基地的特殊性质。根据我国现行的《土地管理法》，宅基地是农村集体经济组织成员的专属权利，非本集体经济组织成员不得通过买卖、转让、赠与等方式取得宅基地使用权。宅基地的所有权属于集体，村民享有的只是使用权，而这种使用权与村集体成员的身份密切相关。非村集体成员无权通过遗赠、扶养等任何方式获得宅基地的使用权。这项法律规定的初衷是保护农村集体资源不被流失，确保宅基地只在集体成员内部流转。在本案中，侯某1早在1994年就已经转为非农业户口，失去了作为农村集体经济组织成员的资格。而贾某1自始至终不是涉案房屋所在村的成员。根据“房地一体”的原则，虽然侯某1名下的房屋是合法自建的，但其所建的房屋所占用的土地属于村集体所有。由于宅基地使用权无法转让给非集体经济组织成员，双方签订的遗赠扶养协议违反了这一法律规定，因而被认定无效。

由此可见，遗赠扶养协议的合法性在部分情况下依赖于财产的性质，尤其是在涉及农村宅基地等特殊财产时。宅基地使用权与集体成员身份密切相关，非集体成员不能通过遗赠、扶养等方式变相取得宅基地使用权。即使扶养人尽到了照顾义务，也无法改变协议中涉及的宅基地使用权问题。因此，遗赠人和扶养人在签订协议前，应当明确财产的法律属性和处分限制，以避免因违反强制性规定而导致协议无效。本案凸显了在签订遗赠扶养协议时，了解财产的法律性质和相关法律规定的重要性。

第五节　意定监护制度及其运用

一、意定监护的背景与重要性

意定监护制度是现代法律体系中一种重要的监护安排，旨在帮助成年人在尚具完全民事行为能力时，通过合法程序预先选定自己未来失去行为能力后的监护人。此制度最早出现在2012年《老年人权益保障法》（已被修改），并在《民法典》中得到进一步扩展，不再仅限于老年人，所有具有完全民事行为能力的成年人都可以通过这一制度为自己作出长远的监护安排。这种自主选择监护人的方式，相对于法定监护制度，具有更大的灵活性和优先适用性。然而，在意定监护的实施过程中，仍面临设立程序、监护人选任标准和启动机制等诸多法律问题。本章将就这些问题进行分析与讨论。

二、意定监护的具体运用和问题

(一)意定监护的合同本质与优先性

意定监护制度的本质是一种合同，合同的双方分别为被监护人(委托人)和监护人(受托人)。与法定监护不同，意定监护强调被监护人的自主意愿，使其能够根据自身需求选择最适合的监护人。这一制度在法律适用中具有优先性，意味着在存在意定监护安排的情况下，法定监护人无法优先行使监护权。这种优先性保护了被监护人的自我意愿，使其在未来丧失或部分丧失行为能力时，能够依靠预先选定的监护人来保障其人身和财产权益。然而，意定监护的合同性质决定了它的设立、履行和终止都需要符合合同法的基本要求。这不仅包括意定监护协议的形式要求(如书面形式)，还包括监护人的资格审查、履行义务的能力评估等方面。这些要求使意定监护制度在实施中面临程序复杂、操作不统一等实际挑战。

(二)监护人的选任标准与资格审查

监护人的选任是意定监护制度中的核心环节。被监护人在选择监护人时，往往考虑与监护人之间的关系亲疏、经济状况以及监护人的身体健康等因素。然而，监护人的选择不仅是个人意愿的问题，还涉及法律对监护人资格的审查与确认。目前，我国《民法典》虽然明确了意定监护的基本框架，但对于监护人选任的具体标准，特别是对其资格的审查程序，尚缺乏细化规定。在实践中，意定监护协议通常需要经过公证程序，公证员在审查监护人资格时多依赖形式审查，如监护人的身份信息和基本能力证明。然而，缺乏统一的审查标准，导致在不同地区和公证机构中，对监护人的资格认定存在差异。未来立法应考虑建立统一的监护人选任标准，确保所有意定监护人具备履行职责的能力，避免因监护人履职不力或不当行为而损害被监护人的权益。

（三）意定监护的设立程序与启动机制

意定监护协议的设立程序在我国尚不完全明确。目前的法律要求协议应以书面形式达成，但在实际操作中，公证程序通常是不可或缺的环节。这一程序确保了监护人选任的合法性和监护协议的有效性。然而，在公证之外，其他具体操作程序尚无明确的法律指导。例如，如何评估和确认被监护人已经丧失行为能力，从而启动意定监护协议，是当前面临的一个重要问题。根据现行法律，意定监护协议仅在被监护人丧失或部分丧失行为能力时生效。这一生效条件在实践中往往依赖法院的特别程序来确认，即由法院根据相关医学鉴定或行为能力评估结果，裁定被监护人是否具备完全行为能力。然而，监护协议生效的具体条件，如何时启动监护、监护的范围等，缺乏详细规定，可能导致实际操作中的不确定性和争议。因此，完善意定监护的启动程序，以及明确法院在意定监护协议启动中的角色和程序，尤为重要。

（四）意定监护的退出机制与法律保障

意定监护协议的退出机制是另一个关键问题。监护人一旦确定，是否可以任意解除其监护职责，或者被监护人在丧失行为能力后能否更换监护人，都是目前法律尚未充分解决的问题。根据《民法典》及相关司法解释的规定，监护人在履职过程中，如果无正当理由不得擅自辞任，特别是在被监护人丧失行为能力后，监护人的辞任需要法院的批准。然而，何为“正当理由”，法律并未作出明确界定。监护人的辞任会直接影响被监护人的生活和财产安排，尤其是在被监护人完全丧失行为能力时，监护人的稳定性显得尤为重要。因此，未来的立法应进一步明确监护人的辞任条件，确保在监护人无法继续履行职责时，能够及时转为法定监护或指定新的监护人，以避免被监护人处于无人监护的危困状态。

意定监护作为一项新兴的法律制度，在我国已取得了一定的发展。然而，老龄化问题的日益严峻，监护需求将持续增长，要求法律不仅要进一步明确制度的细节，还要从制度设计上提供更多保障。例如，建立专业的监护人队伍、完善监护人选任和审查标准、加强公权力的介入监督等。此外,意定监护协议作为一种涉及身份关系的特殊合同,其法律适用还面临与传统财产法的冲突与协调问题。如何平衡被监护人的自主选择权与监护人履职的法律责任,如何在监护人辞任时确保被监护人的利益不受损害,都是未来在制度建设中需要进一步探讨的问题。

三、意定监护的案例和实务经验

以“孙某诉孙某亚申请变更监护人纠纷案”为例,可以清晰地理解如何在实际生活中运用意定监护制度来维护被监护人的利益。

孙某诉孙某亚申请变更监护人纠纷案

83 岁的孙某和妻子无子女,只有一名过继的养女孙某亚,但两人感情基础较为一般。2012 年,孙某亚离婚后搬到了孙某家楼上居住,然而她在生活上并未积极照料孙某。2019 年,孙某的房子动迁,这本应是一件好事,却因孙某亚的行为引发了矛盾。据孙某的侄女孙某莉透露,孙某亚在未告知孙某的情况下,以法定监护人的身份向征收事务所申请领取了 300 多万元的动迁安置款。这一行为让孙某感到被忽视,决定采取法律行动。在此事发生前,孙某已在公证处通过意定监护公证,指定侄女孙某莉作为自己的意定监护人。于是,孙某委托侄女向法院申请变更监护人,要求由孙某莉担任自己的监护人。最终,法院支持了孙某的申请,认定意定监护更有利于保障孙某的合法权益。

在本案中,孙某在察觉到法定监护人(养女孙某亚)并未积极履行照顾义务时,通过意定监护制度预先指定了侄女孙某莉为他的意定监护人。这样的安排使孙某能够在未来万一丧失行为能力时,确保由他所信任的人管理他的财产和照顾他的生活。更重要的是,意定监护的存在还赋予孙某法律上的主动权,当他发现法定监护人试图通过不当手段领取动迁安置款时,他能够迅速通过法律途径申请变更监护人,从而确保自己的财产和权益不会被侵害。

法院在审理该案时明确指出,监护不仅是一项权利,还是一项义务。法院最终基于有利于被监护人利益的原则,支持了孙某变更监护人的诉请。这一判决表明,当法定监护人与被监护人之间缺乏信任且未履行监护职责时,意定监护制度可以提供更为灵活的选择,保护被监护人的合法权益。

这个案例凸显了意定监护的几项关键功能和优势。首先,孙某可以根据自身的意愿,选择最信任的亲属来担任未来的监护人,而不必受制于法定监护人的身份。这种灵活性确保了被监护人的权利得到尊重。其次,通过办理意定监护公证,孙某在事情发生前已经做好了安排,避免了突发事件对财产和生活的影响。此外,在法定监护制度失效或无法满足被监护人需求时,意定监护作为更优的安排,可以为被监护人提供更有力的法律保护。

从本案例可以看出,运用意定监护制度不仅能为老年人提供财产和生活的保障,还能帮助他们在家庭关系复杂或法定监护人未能有效履职时,找到更符合自身利益的解决方案。在实际操作中,被监护人或其家属应注意以下几点。

1. 尽早办理意定监护公证。最好在被监护人仍具备完全民事行为能力时进行,确保意定监护协议能在适当的时机生效。

2. 选择合适的监护人。被监护人应根据个人的实际情况选择最为信任、责任心强且具备履行监护能力的人来作为监护人。监护人可以是近亲属,也可以是其他与自己关系密切且愿意承担责任的个人。

3. 及时维护权益。如本案中的孙某一样,当发现法定监护人未尽义务或有侵害财产的行为时,应尽快通过法律途径寻求救济,申请变更监护人,以确保自己的权益不受损害。

“孙某诉孙某亚案”展示了意定监护在现实生活中的实际应用,证明了这一制度在维护老年人等弱势群体权益中的重要作用。通过提前安排监护人、办理公证,个人可以有效防范未来可能出现的监护纠纷或权益侵害。随着社会老龄化的加剧,意定监护将成为越来越重要的法律工具,有助于确保被监护人在失去民事行为能力后,依然能够得到妥善的照顾和财产管理。

第六节　共有财产分割与老年合法权益

在共有财产的分割过程中,如何平衡按份共有人的分割请求与老年人权益保护,是司法实践中经常面临的复杂问题。尤其是在涉及家庭成员时,法律不仅需要维护各方的财产权,还应当考虑赡养义务和生活保障。下文将介绍“夏某涛、程某婷诉夏某鑫、仲某群房产分割纠纷案”,围绕房产分割与老年人合法权益保护展开,重点探讨在财产分割纠纷中,如何依据《民法典》物权编和《老年人权益保障法》等规定协调处理相关权利冲突。

一、案件概述

“夏某涛、程某婷诉夏某鑫、仲某群房产分割纠纷案”涉及一起家庭成员之间的共有财产分割争议。本案的主要争议在于,如何在法律规定的框架下,在分割家庭共有房产的同时,妥善保护老年人合法权益。

夏某涛、程某婷诉夏某鑫、仲某群房产分割纠纷案

原告夏某涛与程某婷为夫妻,被告夏某鑫与仲某群为夏某涛的父母。4人共同拥有苏州市工业园区的一套福利房,夏某涛和程某婷占有90%的房产份额,夏某鑫和仲某群占有10%的份额。由于双方在房产分割上无法达成一致,夏某涛和程某婷向法院提起诉讼,要求对房屋进行分割。而仲某群作为年长者,拒绝分割房屋,并认为基于其生活需要和实际贡献,应保留房屋的共同使用权。

该案的法律争议主要集中在以下两点:(1)房产按份共有的法律属性,尤其是在家庭成员之间的共有财产分割问题上,如何依据《物权法》(已失效)进行合理分割?(2)如何在分割共有财产的同时,保障老年人的合法权益,尤其是维持其生活稳定和住房条件?

二、事实与法律分析

(一)房屋性质的特殊性

本案争议房屋是通过单位福利政策购买的福利房,夏某涛和夏某鑫都曾享有购房优惠。房屋总价享受了两个13%的福利折扣,一次由夏某鑫凭借工作资历获得,另一次由夏某涛获得。因此,房屋的购买涉及双方职工福利的使用,而不仅是基于房产登记份额的出资比例。虽然房屋登记在夏某涛与程某婷名下的份额为90%,但夏某鑫与仲某群为房屋的购置和装修实际支付了大部分费用。这一特殊背景决定了房屋的分割问题不能简单地依据产权登记份额来处理。作为家庭共有财产,在进行分割时,法院需要综合考虑房屋的购买背景、家庭成员的共同贡献,以及老年人作为弱势群体在家庭中的利益保护。

(二)保护老年人权益的法律依据

在本案中,仲某群年满60岁,依据《老年人权益保障法》,其权益应当受到特殊保护。2009年《老年人权益保障法》第13条(现为第16条)明确规定:“赡养人应当妥善安排老年人的住房,不得强迫老年人迁居条件低劣的房屋。”此条款在处理本案时具有关键作用。尽管原告夏某涛、程某婷在产权上享有90%的份额,但因房屋一直是仲某群的主要生活住所,并且她与周围的邻里社会交往紧密,强制分割房产可能会对仲某群的生活造成重大不利影响,违背《老年人权益保障法》的精神。此外,夏某涛作为仲某群的赡养人,负有照顾和保障老年人基本生活条件的法律义务。《物权法》(现被《民法典》取代)允许按份共有人请求分割共有财产,但家庭内部的财产分割与一般的按份共有不同,尤其是在涉及老年人利益时,法院需要在物权分割与赡养义务之间寻找平衡。这一点在《老年人权益保障法》中得到了特别强调。

(三)原告的分割请求与被告的抗辩

原告夏某涛、程某婷主张,作为房屋的按份共有人,他们有权请求分割属于自己的部分,并提出仲某群拥有经济能力,完全可以自行解决住房问题。原告还提出了提供替代性住房的方案,希望以其他房产替代被告当前的住房。被告仲某群则认为,房屋的购置和装修主要是由她和夏某鑫共同支付,房屋应视为家庭共同财产。仲某群还指出,她长期居住在房屋中,已经习惯了该住所的生活环境,如果强行分割房屋,可能会对她的生活造成不利影响。仲某群的辩护重点在于她的老年人身份,以及在家庭生活中形成的事实居住利益。法院对此进行了深入分析,认为尽管原告有权提出财产分割请求,但在涉及老年人利益的案件中,强行分割房产可能会违背《老年人权益保障法》的相关规定。法院同时指出,原告所提供的替代住房相比争议房屋在生活条件上存在较大差距,无法满足仲某群的实际需求。因此,仲某群的抗辩得到了法院的支持。

三、法院判决

法院在一审判决中认定,虽然房屋产权份额已经明确,但本案的特殊性在于涉及老年人权益的保护。由于房屋是通过家庭共同努力购置,且仲某群长期居住在该房屋中,强行分割房产可能会严重影响她的生活质量,损害她的基本权益。因此,法院驳回了夏某涛、程某婷关于分割房屋的请求,认为应维持现有的财产共有状态。法院特别指出,夏某涛和程某婷作为赡养人,有义务为仲某群提供生活保障,包括妥善安排住房。如果分割房屋的请求得以支持,仲某群可能面临居住困难,这将违背家庭伦理和《老年人权益保障法》所提倡的孝老爱亲原则。

原告对一审判决不服,提起上诉,主要理由为:一审判决未能充分考虑按份共有的法律特性，同时忽视了被告的经济能力和住房选择。然而，二审法院维持了一审判决。二审法院认为，本案中的争议房屋是家庭共同财产，且仲某群作为老年人，其生活需要应当优先考虑。法院指出，原告提供的替代住房无法满足仲某群的生活需求，因此不能作为房屋分割的有效补偿方案。基于《老年人权益保障法》和《物权法》（已失效）的相关规定，法院再次驳回了原告的上诉，维持现有共有状态。

四、本案启示与法律问题总结

（一）赡养义务与财产分割的平衡

本案启示了在处理家庭财产分割时，如何平衡赡养义务与共有人财产权的关系。尤其是在家庭成员涉及老年人时，法院不仅要依据物权法进行分割，还必须充分考虑《老年人权益保障法》的规定，确保老年人的生活和居住环境不受不利影响。在本案中，原告虽然拥有较大比例的产权份额，但其作为赡养人，有义务为老年人提供适当的生活保障，强行要求分割房产可能导致老年人生活质量下降，因此，法院对此作出了不予支持的判决。

（二）家庭共有财产的特殊处理

与普通的按份共有不同，家庭共有财产在涉及亲属关系时，必须结合亲属之间的道德义务和财产贡献。本案中的房产不仅是通过产权登记体现出来的财产份额问题，还涉及双方为房屋支付和装修的实际经济贡献。这种共同努力使房屋在法律上不能简单地按份分割，而是应当在尊重各方利益的前提下维持家庭和谐。

（三）老年人权益保障的实际运用

本案凸显了《老年人权益保障法》的重要性。在家庭财产纠纷中，老年人作为家庭中的弱势群体，其权益保护应当优先于财产权的分割要求。法院在判决中不仅依据了物权法，还特别引用了老年人权益保障的相关法律规定，确保被告仲某群的生活条件不因财产分割而受损。这一法律框架或为今后的类案审理提供方向。

第七节　居住权的设立与居住权合同

在《民法典》出台之前，我国对于居住权并未明确定性。而《民法典》对居住权设立的规定，不仅扩大了权利人的范围，还确定了其用益物权的性质，这一举措无疑具有重大意义。

居住权，是指为满足生活居住的需要，对他人的住宅享有占有、使用的用益物权。对于老年人来说，了解居住权的相关规定至关重要。

首先，在设立形式上，根据《民法典》的规定，当事人应当采用书面形式订立居住权合同，或通过遗嘱的方式设立。这体现了当事人意思自治的原则。老年人可以通过与他人签订居住权合同，明确自己在特定房屋中的居住权利，为自己的晚年生活提供保障。

其次，在设立程序上，若当事人通过约定设立居住权，应当向登记机构申请居住权登记。居住权自登记时设立，此类登记具有创设居住权的效力，属于设权登记。未经登记，老年人将无法取得居住权。这一规定强调了登记的重要性，提醒老年人在设立居住权时要及时办理登记手续，以确保自己的居住权利得到法律的保护。

在具体权能上，居住权具有不得转让和继承的特点。这是一条强制性规范，体现了居住权极强的人身属性，不能因当事人的约定而排除适用。此外，设立居住权的房屋原则上不得出租，但当事人另有约定的除外。这一规定保障了居住权人对房屋的专属使用权，也为房屋所有人保留了一定的处分权。

下面将从具体案例切入，分析居住权、居住协议在实务中的运用及需要重点注意的问题。

一、居住权的价值及实物运用

在我国,居住权的设立主要是为了解决家庭成员中的赡养、抚养问题,以及在离婚、遗嘱等场景下,保护弱势一方的居住需求。例如,子女可以为年迈父母设立居住权,或老年人在房屋出售时为自己保留居住权,实现"以房养老"的目标。在"卢某某与刘某某、王某居住权合同纠纷案"中,签订的居住协议就是为了保障卢某某晚年的居住需求,与《民法典》关于居住权制度的立法目的相符。

卢某某与刘某某、王某居住权合同纠纷案

2001年,原告卢某某(王某的母亲)与王某及其配偶刘某某签订了一份居住协议。当时,王某与刘某某正在重庆市合川区修建新房,双方达成协议,同意卢某某支付1万元,王某和刘某某允许卢某某在新建的房屋内居住,直到她去世为止。该协议明确了卢某某的居住范围,包括一间房和一间厕所。这些部分可以与其他房屋部分独立使用,因此并不会影响房屋的其他居住者。双方签订协议并支付款项后,卢某某一直住在该房屋中。事情的转折发生在王某与刘某某离婚之后,房屋的所有权重新分配。刘某某占有该房屋89%的份额,而王某占有11%的份额。然而,当卢某某提出要办理居住权登记时,刘某某拒绝配合,导致卢某某提起诉讼,要求法院确认其对该房屋享有居住权,并判令刘某某和王某配合办理居住权登记。

在一审中,重庆市合川区人民法院确认了卢某某与王某、刘某某签订的居住协议的效力,认定该协议系双方的真实意思表示,不违反法律的强制性规定。同时,法院指出,根据《民法典》的规定,居住权必须通过登记设立,未经登记的居住权无法在法律上成立。因此,法院仅支持确认该居住协议的有效性,但并未支持卢某某关于享有居住权的请求,驳回了其他诉讼请求。

卢某某对一审判决不服,提起上诉。重庆市第一中级人民法院在二审

中，维持了关于居住协议效力的认定，同时进一步指出，在居住权的设立过程中，登记程序是关键环节。虽然未登记的居住权合同不能直接赋予物权，但居住权合同的签订意味着合同各方有配合进行登记的义务。因此，法院判决要求王某与刘某某配合卢某某办理居住权登记，以此保护卢某某的权益。

根据《民法典》第367条的规定，居住权的设立需要采用书面形式订立合同，并通过登记程序完成。登记是居住权设立的必要条件，这意味着，虽然双方签订了居住权合同，但在未办理登记之前，居住权并不能产生法律上的物权效力，仅具有合同债权的效力。

对登记的硬性需求确保了居住权的稳定性和对抗第三人的效力，防止房屋所有权发生变动时，居住权人无法继续行使其权利。然而，如果未经登记，仅有有效的居住权合同，合同一方也有义务配合办理登记手续。在本案中，法院通过判令王某与刘某某履行登记义务，保障了卢某某居住权的实现。

根据《民法典》第368条的规定，居住权自登记时设立。居住权一旦登记，其效力具有对抗第三人的特性，房屋所有权的转让不会影响居住权人的权利；而居住权合同在未登记之前，虽然产生了合同债权，但仅对合同当事人有效，无法对抗房屋的第三方受让人。因此，本案中的卢某某无法仅凭居住协议要求确认居住权，而需要通过登记程序，将合同权利转化为物权，法院也无权直接设立居住权，只能判定协议的效力，不能直接赋予物权，这符合物权法定原则，也体现了居住权设立程序的严格性。

二、居住权案件的意义和经验

卢某某案揭示了居住权设立与登记程序中的关键问题。通过这一案例，法院明确了居住权的法律适用原则，同时，也展示了在社会转型过程中，居住权制度对弱势群体的保护与公平分配资源的重要意义和前景。

居住权制度的引入不仅在法律上填补了用益物权体系的空白，还在社会层面体现了对弱势群体的关怀与保障。它通过为老年人、离婚弱势方或其他需要住房保障的个体提供居住权，达到了兼顾公平与效率的社会效果。在家庭纠纷中，居住权的设立也有助于维护家庭关系的和谐，避免房产争议中的激烈对抗。需要注意的是，在本案中，卢某某与王某、刘某某虽然签订了居住协议，但由于未及时办理居住权登记，导致纠纷升级。因此，在实践中，建议当事人在签订居住权协议后，及时到有关登记机构办理居住权登记，以便在法律上获得更加充分的保护。同时，作为房屋受让人或其他利益相关方，也应在房屋买卖等交易时核查房屋是否设有居住权，避免法律风险。

除此之外，卢某某与其子媳达成的居住协议虽然是在《民法典》生效前签订的，根据最高人民法院《关于适用〈中华人民共和国民法典〉时间效力的若干规定》第 3 条的解释，适用《民法典》并不会对被告的合法权益造成明显影响，也不会增加其法定义务。因此，该合同仍可以作为《民法典》下居住权设立的依据。同时，在司法实践中也可能出现未采用书面形式、仅通过口头约定设立居住权的情况，根据《民法典》第 490 条的规定，尽管没有书面合同，只要一方已履行主要义务且对方接受，这种协议仍然被视为成立。这些规定提醒我们，即使合同形式不完备，或协议成立于“居住权”这一法律概念通行之前，居住权的债权效力仍可能被法律认可。

最后，《民法典》第 371 条还规定了以遗嘱方式设立居住权的可能性，作为合同设立的一种补充形式。无论通过合同还是遗嘱设立，居住权都具有无偿性、不可转让性等特征，且需要通过登记程序最终确立其法律效力。综上所述，居住权的设立既需要合同明确双方的权利义务，又需要遵循法定的登记程序，确保权利的有效性和法律保障。

第八节　追索养老金的法律问题

养老金问题在劳动争议和社会保障案件中占据重要位置。劳动者对养老保险待遇的追索不仅涉及用人单位的法定义务,还涉及养老金损失的测算标准。本节将通过两个典型案例详细探讨养老金追索中法律适用的核心问题,并分析养老金损失的测算依据。

一、用人单位未依法办理养老保险的问题

未依法为员工办理养老保险不仅侵害劳动者的合法权益,也可能导致劳动者在退休时无法享受应有的养老待遇。司法实务显示,用人单位或将因此面临高额赔偿,以"吴某与A小学养老保险待遇纠纷案"为例。

吴某与A小学养老保险待遇纠纷案

吴某自1992年起在A小学工作,但A小学从未为其办理养老保险。2014年,吴某达到法定退休年龄,要求A小学为其办理退休手续,但遭到拒绝,理由是双方不存在劳动关系。由于养老保险经办机构无法补缴,吴某无法享受法定的养老保险待遇。最终,法院判决A小学赔偿吴某的养老金损失153,900元,并要求从2021年起每月支付吴某养老金。

首先,关于用人单位未依法缴纳养老保险的法律责任。根据《劳动法》及相关规定,用人单位有法定义务为职工缴纳养老保险。A小学未依法为吴某缴纳养老保险,导致其无法享受退休后的基本保障,这构成了法律上的违约和侵权行为。法院依据《劳动法》第72条("社会保险基金按照保险类型确定资金来源,逐步实行社会统筹。用人单位和劳动者必须依法参加社会保险,缴纳社会保险费")以及最高人民法院《关于审理劳动争议案件适用法律若干问题的解释(三)》(已失效)第1条("劳动者以用人单位未为其办理社会保险手续,且社会保险经办机构不能补办导致其无法享受社会保险待遇为由,要求用人单位赔偿损失而发生争议的,人民法院应予受理")判决A小学承担赔偿责任。

其次,关于劳动关系的确认与合同性质。在本案中,尽管吴某在签订合同后离开学校从事勤工俭学工作,但法院认定双方的劳动关系并未因此中断,A小学有义务为吴某缴纳养老保险。该判例明确了劳动关系认定的广泛性,只要劳动者与用人单位存在实际用工关系,用人单位都应履行相关社会保障义务。

最后,关于无法补缴养老保险导致的后果。鉴于养老保险经办机构确认无法补缴,法院最终判定由A小学直接赔偿吴某的养老金损失。这一判决强调了未缴纳养老保险的用人单位需为其失责承担经济责任。

二、养老金损失的测算依据

在劳动争议案件中,尤其是对于涉及养老保险未缴纳的纠纷,养老金损失的计算成为法院判定赔偿金额的重要环节。由于社会保险机构往往无法提供精确的测算结果,法院必须综合多种因素,如工作年限、缴费标准、退休时的社会平均工资等,来确定赔偿数额。下面将通过"昌江欣达实业有限公司与潘某娟养老金纠纷案",探讨如何合理测算养老金损失并确定赔偿标准。

昌江欣达实业有限公司与潘某娟养老金纠纷案

在这个案例中,潘某娟与欣达公司之间的劳动关系从1986年至2005年持续存在,但公司并未为其缴纳养老保险。潘某娟在达到退休年龄后,未能享受养老金待遇,故诉请法院要求赔偿损失。法院最终判决欣达公司支付潘某娟103,530元的养老金损失。

在本案中,法院依据最高人民法院《关于审理劳动争议案件适用法律若干问题的解释(三)》(已失效)第1条的规定,认定用人单位未依法为劳动者办理社会保险手续,且养老保险经办机构无法补缴,导致劳动者无法享受应有的养老保险待遇时,用人单位应承担赔偿责任。法院依据《海南省城镇从业人员基本养老保险条例实施细则》对养老金损失的测算进行了详细说明。

本案的重点是养老金损失的测算标准。由于社会保险机构无法提供精确的养老金损失测算结果,法院采用了参考性方法进行计算。具体而言,法院基于劳动者达到退休年龄时的上年度城镇职工基本养老保险企业退休人员的月人均养老金水平,结合劳动者的工作年限及当地人口平均预期寿命,计算出其应享受的养老金损失。从本案可知,在处理类似案件时,法院综合考虑的角度是根据“社会普遍性 + 个人特殊性”的计算模式形成的,具体因素如下。

第一,工作年限。劳动者的累计工作年限是计算养老金损失的关键。根据《社会保险法》第 16 条的规定,职工达到法定退休年龄时,累计缴费年限满 15 年才能按月领取基本养老金。如果未达到 15 年,则养老金待遇相应减少。在潘某娟案中,法院根据其实际工作年限 12.75 年按比例计算了养老金损失。

第二,城镇职工平均工资。法院通常以退休时上一年度的城镇职工基本养老保险企业退休人员的月人均养老金为基准,计算劳动者的养老金损失。这一标准较为公平合理,能够反映社会整体养老水平,并且避免了个别劳动者工资数据缺失带来的困难。

第三,地区人口平均预期寿命。对于一次性赔偿养老金损失的案件,法院需要确定赔偿的时间跨度。在一般情况下,法院会参考当地人口的平均预期寿命,并将养老金损失补偿计算至劳动者的预期寿命年限。例如,在潘某娟案中,法院参照了海南省的城镇人口平均预期寿命,将赔偿年限设定为 75 周岁。

三、有关案例对劳动者和用人单位的启示

根据我国现行法律规定,用人单位应当依法为劳动者缴纳养老保险,此属于强制性义务。如果用人单位未履行这一法定义务,将面临较为严重的法律后果。例如,经济赔偿责任,未为职工缴纳养老保险导致职工无法享受养

老待遇时，用人单位需要承担的经济赔偿责任不仅包括未缴费期间的补偿，还包括养老金损失的补偿。法院通常会根据实际情况，决定用人单位应按月支付养老金损失，还是进行一次性赔偿。在吴某案中，法院要求 A 小学按月支付养老金；而在潘某娟案中，法院则决定一次性支付。

此外，由于补缴社会保险的规定较为严格，尤其是在劳动关系终止后无法补缴，法院通常会根据最高人民法院《关于审理劳动争议案件适用法律若干问题的解释（三）》（已失效）的规定，直接判定用人单位赔偿养老金损失，更是严格要求用人单位应及时履行法定义务。

上述案件一方面对用人单位敲响了警钟。未为劳动者依法缴纳社会保险不仅违反法律规定，还会带来经济赔偿和声誉损失。用人单位应当严格遵守《劳动法》的规定，按时足额缴纳社会保险费，以避免类似法律纠纷。另一方面其启示劳动者，在入职时应确保用人单位为其办理养老保险等社会保障措施，并保存相关凭证（如工资条、合同等），以备日后维权所需。许多劳动者由于对自身权益的认识不足，往往忽视社会保险的重要性，造成维权时的被动。

第九节　《民法典》及相关法律中的其他老年基础权利

除前文涉及的热议领域外，《民法典》和《老年人权益保障法》共同构成了老年人权益保护的核心法律框架。通过对其法律条文的分析，我们可以看到老年人在多个方面享有明确的权利和保障，包括受赡养权、财产处分权、婚姻自由权、法定社会保障和社会优待等。这些规定不仅体现了法律对老年人权益的全面保护，还强调了社会应对老年人权利的尊重与支持。以下我们将逐一进行论述。

一、受赡养权

老年人享有的受赡养权是其基本权利之一。《民法典》通过明确规定成年子女对父母的赡养义务,确保老年人能够在生活上得到子女的物质支持和精神慰藉。具体而言,子女不仅要为老年人提供生活必需的经济支持,还要承担照顾和心理抚慰的责任。

《民法典》第26条明确规定,成年子女有义务赡养父母。这一规定不仅延续了传统的家庭伦理观念,也是对《宪法》中赡养规定的进一步强化。《老年人权益保障法》则进一步扩展了受赡养权的内容,明确配偶之间在老年时互相扶助的义务,体现了对老年人婚姻关系中赡养责任的重视。这里的赡养不仅是经济上的支持,还包括精神上的关怀。《老年人权益保障法》特别强调赡养人需要在精神上为老年人提供慰藉。这意味着,在实践中,赡养人如果只提供经济支持而忽视老年人的心理需求,可能仍被视为未完全履行赡养义务。法院在相关判例中已多次确认,这一规定有助于推动子女更加全面地照顾老年人的生活,保障他们的生活质量。

二、财产处分权

老年人对自身财产的自主权同样受到了法律的保护。《民法典》强调了物权的统一性,明确老年人对其财产享有占有、使用、收益和处分的权利。无论是通过继承、赠与还是遗赠,老年人都可以自由处理其合法财产,而不受子女或其他亲属的干涉。《老年人权益保障法》对此进行了更细致的规定,尤其是在第22条中,明确指出子女或其他亲属不得以任何形式干涉或侵犯老年人的财产权利。

老年人有权按照自己的意愿处理财产,而子女无权基于财产分配问题拒绝履行赡养义务。这一条款在实践中对于处理家庭财产纠纷具有重要意义,避免了因财产处分而引发的赡养责任逃避问题。法律对老年人财产处分权的保护不仅维护了他们的经济独立，也减少了家庭内部的财产纠纷。通过强调子女对老年人财产处分的尊重，这些法律条款为老年人在晚年时期自主管理个人事务提供了保障。

三、婚姻自由权

婚姻自由是《民法典》和《老年人权益保障法》共同保障的老年人基本人身权之一。尽管《民法典》并未明确规定老年人的婚姻自由权，但其第 1069 条明确要求子女尊重父母的婚姻选择，不得干涉父母的再婚或婚后生活。

《老年人权益保障法》则更进一步指出，老年人有权自主决定婚姻问题，子女或其他亲属不得加以干涉。在现实生活中，老年人的婚姻问题往往受到子女的干涉，尤其是再婚时。法律的这一规定旨在保护老年人的婚姻自主权，确保他们能够在晚年自主决定婚姻生活，同时强调婚姻的选择不影响子女的赡养义务。即便老年人选择再婚，子女仍有义务承担赡养责任。这一规定具有重要的现实意义。它不仅保护了老年人在情感上的独立权利，也避免了因婚姻问题而产生的家庭矛盾和纠纷，确保老年人在婚姻问题上享有充分的自由和尊严。

四、法定社会保障

《民法典》和《老年人权益保障法》，为老年人提供了多层次的社会保障，包括养老保险、基本医疗保险和老年福利制度。《老年人权益保障法》第 28 条规定了国家通过养老保险制度保障老年人的基本生活。这确保了老年人在退休后能够享有稳定的经济来源，维持日常生活的需要。与此同时，第 29 条则通过基本医疗保险保障老年人的健康，尤其是对于低收入老年人，政府还提供医疗费用的补贴，减轻其经济负担。老年人享有的社会保障不仅体现在经济方面，法律还强调了老年人健康与福利的保障。随着人口老龄化加剧，国家对社会保障制度的不断完善，能够为老年人的生活提供更为坚实的支持。

五、享受社会优待

《老年人权益保障法》还为老年人在社会生活中享有优待权提供了法律基础。例如,该法第 68 条规定,在涉及老年人权益的法律、政策制定过程中,应听取老年人或老年人组织的意见。这一条款赋予了老年人在政策制定中的话语权,确保他们的意见能够在社会治理中得到尊重。此外,该法第 71 条对老年人的继续教育权作了明确规定。老年教育被纳入终身教育体系,国家鼓励社会各界为老年人提供学习机会。这一规定照顾了老年群体在精神层面的需求,也帮助他们在不断发展的社会中保持积极的心态和自我价值感。老年人享有的社会优待权,不仅是对他们多年贡献的肯定,也是社会文明进步的体现。通过确保老年人享有参与社会事务、继续学习和获得福利的机会,法律促进了老年人融入社会、享有平等权利的愿景。

六、人格权

《民法典》的亮点之一是将人格权独立成编,明确保障了每个公民的基本人格权益,并首次规定了对逝者人格利益的保护。这不仅涵盖了生者在其一生中享有的基本人格权,还延伸至其死后的尊严与权益保护,与老年人关切的基本权利密切相关。人格权的内涵包括姓名权、肖像权、隐私权、名誉权等,老年人作为特殊群体,尤其需要这些权利的法律保障。以下通过两个典型案例,阐述老年人人格权在婚姻自主及身后权益中的法律保护和具体运用。

例如,在“尹某军与尹某婚姻自主权纠纷案”中,老年人尹某军在妻子去世后不久与同村的郭某结婚,期待彼此照顾,共度晚年。然而,尹某军的儿子尹某强烈反对父亲再婚,并采取了包括暴力和驱逐郭某在内的干涉手段,试图阻止两人的婚姻生活。无奈之下,尹某军提起诉讼,要求儿子停止对其婚姻自由权的侵犯。法院在审理中认定，尹某的行为违反了《老年人权益保障法》第21条关于老年人婚姻自主权的规定。最终，法院判决尹某停止侵害，明确了老年人婚姻自主权的法律地位。

在该案中，法院依照《老年人权益保障法》和《民法典》的相关规定，强调了婚姻自由作为老年人人格权的一部分，应当受到法律严格保护。尹某试图干涉其父亲的婚姻选择，不仅违反了法律的规定，还破坏了老年人追求晚年幸福的权利。通过这一判决，法院明确了子女或亲属在老年人婚姻问题上的行为界限，任何强行干涉老年人的婚姻自主权都构成侵权。

《民法典》对逝者人格权利的引入也与老年人关切紧密相关。在“王某诉卢某1、卢某2、梁某、某殡仪馆人格权纠纷案”中，逝者的人格利益体现在其遗体或骨灰的处置问题上——这不仅关乎逝者的遗愿，也影响着生者的精神利益和家庭和谐。处理不当，常常会引发纠纷。

1994年，王某与卢某组成重组家庭，婚姻持续24年。卢某去世后，骨灰寄存在殡仪馆，但因财产分配及迁移骨灰的费用争议，导致骨灰安葬日期推迟。王某提起诉讼，要求各方协助其提取并妥善安葬卢某的骨灰。法院认定，作为卢某的配偶，王某与逝者关系最为亲密，有权决定骨灰的安葬方式，并判决支持王某的诉讼请求。

《民法典》第1045条明确规定了亲属的顺位原则，第994条规定了逝者人格利益的保护。法院在本案中认为，骨灰作为逝者遗体的转化形式，具有特定的精神价值，应当尊重逝者的遗愿或由最亲密的亲属决定其安葬方式。在本案中，虽然王某与卢某为再婚家庭，但他们婚姻关系存续多年，并共同经历了卢某的病痛，王某对卢某的照顾展现了极深的情感联系。因此，法院依据《民法典》判决支持王某的骨灰安葬请求。

这一案件是《民法典》实施后，北京市审理的第一例逝者人格权纠纷案件，人格权作为《民法典》独立成编的重要组成部分，体现了对个人尊严的全面保护，然而无论是在婚姻自由领域，还是在逝者的骨灰安葬问题上，老年人有比其他群体更需要明确的法律依据保护。通过这些案例可以看出,《民法典》和《老年人权益保障法》在对老年人婚姻自由、逝者遗愿及精神利益的保障上起到一定的进步作用。

第二章

刑法的有关规定与案例

老年人在很多刑事犯罪中都处于弱势地位，特别是在涉及诈骗、窃取个人信息、招摇撞骗等针对老年群体的犯罪活动中，老年人因信息不对称、警惕性低及身心状况的限制，容易成为不法分子的目标。随着社会老龄化加剧，犯罪分子利用老年人的弱点实施违法行为的现象愈加严重，这不仅给老年人造成了巨大的经济损失，也严重影响了他们的身心健康和生活质量。本章将结合《刑法》的相关规定和典型案例，深入分析侵犯老年人权利的各类犯罪行为，包括侵犯人身权利、财产权利以及妨害社会秩序的犯罪。在讨论中，除了揭示这些犯罪的特征与影响，我们还将强调如何通过法律手段更有效地打击此类犯罪，并为老年人提供法律保障。

通过这一章的内容，我们希望引起社会对老年人刑事保护的更多关注，帮助老年人及其家属了解如何通过刑法保护自己的合法权益，防范各类刑事犯罪的侵害。同时，这一章也为社会、司法机构以及相关部门在老年人刑事权益保护方面提供思路和参考。

第一节 行为能力和责任能力

一、行为能力

根据《刑法》第18条的规定，刑事责任能力是指行为人对自己的行为具有辨认和控制的能力。根据法律规定，一般的老年人作为成年人具有完全刑事行为能力，但是对于老年人犯罪，首先需要确认其在实施犯罪行为时是否存在精神障碍或其他严重疾病，以致无法辨认或控制自己的行为。若经法定程序鉴定确认存在此类情况，则可能认定为无刑事责任能力或者限制刑事责任能力。

同时，《最高人民法院关于审理未成年人刑事案件具体应用法律若干问题的解释》虽然主要针对未成年人，但在司法实践中，该法有关因年龄、身心发育情况影响刑事责任能力的判定原则，同样可以在审理老年犯罪嫌疑人或被告人案件时进行参考。在实际操作中，司法机关会根据个案的具体情况，包括但不限于年龄、身体健康状况、精神状态、犯罪性质及情节等因素，全面、公正地判定老年人的刑事责任能力。

具体条文如下：

《刑法》第18条："精神病人在不能辨认或者不能控制自己行为的时候造成危害结果，经法定程序鉴定确认的，不负刑事责任，但是应当责令他的家属或者监护人严加看管和医疗；在必要的时候，由政府强制医疗。"

《最高人民法院关于审理未成年人刑事案件具体应用法律若干问题的解释》第11条："对未成年罪犯量刑应当依照刑法第六十一条的规定，并充分考虑未成年人实施犯罪行为的动机和目的、犯罪时的年龄、是否初次犯罪、犯罪后的悔罪表现、个人成长经历和一贯表现等因素。对符合管制、缓刑、单处罚金或者免予刑事处罚适用条件的未成年罪犯,应当依法适用管制、缓刑、单处罚金或者免予刑事处罚。”

二、责任年龄

根据《刑法》第17条之一的规定,已满75周岁的人故意犯罪的,可以从轻或者减轻处罚;过失犯罪的,应当从轻或者减轻处罚。审判的时候已满75周岁的人,不适用死刑,但以特别残忍手段致人死亡的除外。此外,最高人民检察院2006年发布的《关于在检察工作中贯彻宽严相济刑事司法政策的若干意见》第8条规定:“对于初犯、从犯、预备犯、中止犯、防卫过当、避险过当、未成年人犯罪、老年人犯罪以及亲友、邻里、同学同事等纠纷引发的案件,符合不起诉条件的,可以依法适用不起诉,并可以根据案件的不同情况,对被不起诉人予以训诫或者责令具结悔过、赔礼道歉、赔偿损失。”此后,2007年修改后的《人民检察院办理不起诉案件质量标准(试行)》再次将主观恶性较小的老年犯罪嫌疑人列为五种不予起诉情形之一。2010年2月8日,最高人民法院印发的《关于贯彻宽严相济刑事政策的若干意见》第21条进一步明确规定:“对于老年人犯罪,要充分考虑其犯罪的动机、目的、情节、后果以及悔罪表现等,并结合其人身危险性和再犯可能性,酌情予以从宽处罚。”

按上述法条规定,可以根据老年人的实际情况从轻或者减轻处罚。在实际运用中,由于时代、技术等原因的限制,老年人的年龄确定可能会出现困难。一般来说,可以根据户口簿、身份证、出生证明、学籍证明、人口普查登记、无利害关系人的证言等证据资料综合判断年龄。但在实践中,因为时代特征等因素限制,可能难以找到出生证明等相关材料,在这种情况下,也可以通过走访行为人生活区周围的邻居朋友、其子女等人,或根据行为人的生肖属相进行推算。此外,有关机关还可以通过骨龄鉴定方法来鉴定犯罪老年人的年龄。

针对老年人犯罪能否免除死刑的说法,法律中没有“一刀切”的概述,只能依据具体情形具体分析，以特别残忍手段致人死亡的，75 周岁老年人仍然使用死刑。

三、案例分析

上文提到，《刑法》明确规定，年满 75 周岁的人在刑事责任上可从轻或减轻处罚。这一法律条款的设置意在对老年人群体给予更多的保护，但在实际操作中，如何平衡老年人的刑事责任与社会保护，依然是一个复杂且棘手的问题。“胡某亭故意杀人案”即这一现象的典型案例。该案不仅涉及法律责任的判定，还引发了对老年人心理健康和社会支持系统的深刻思考。

胡某亭故意杀人案

被告人胡某亭（年满 75 周岁）认为前任村书记黄某琪、调解委员黄某成等村干部对其分地不公，一直欺压自己，因此对黄某琪、黄某成以及现任村书记黄某忠等村干部怀恨在心，预谋将黄某琪、黄某成、黄某忠杀害，并为此准备了杀人工具尖刀一把。

2011 年 11 月 7 日，胡某亭看到来村里做群众工作的黄某忠与其他工作人员经过黄堰头村渎仁自然村靠近宾虹西路的村口时，即一边尾随其后，一边用脏话骂黄某忠，趁黄某忠不备之机，用事先准备的尖刀从黄某忠左侧后背猛刺一刀，被害人黄某忠经医院抢救无效于当晚死亡。经金华市公安局法医学尸体解剖检验，被害人黄某忠系被他人用单刃锐器刺击左背部，因左肺下叶破裂、心脏破裂，致心肺功能衰竭、失血性休克而死亡。案发当晚，胡某亭主动拦下警车向公安机关投案。

胡某亭对指控犯罪事实无异议，但辩称犯罪时已满 75 周岁，请求法院从轻处罚。一审法院判决胡某亭死刑，理由在于其作案手法被认定为“特别残忍”。然而，二审法院认为其作案方式不符合特别残忍的定义，因此改判为无期徒刑。这一判决涉及对刑法的解读，尤其是关于对年满 75 周岁犯罪者的特殊规定。

如何准确理解"特别残忍"手段成为本案的关键。在司法实践中,特别残忍手段的认定标准并未得到统一解释,法官在自由裁量的过程中,可能导致量刑偏差。因此,有必要明确什么样的手段才能被认定为特别残忍。一般来说,这种手段必须具备极高的反社会性,严重违反社会的道德标准。全国人民代表大会常务委员会法制工作委员会刑法室编著的《中华人民共和国刑法释义》作了一个相对比较权威的解释,认为这里所说的特别残忍手段,是指故意要造成他人严重残疾而采用毁容、挖人眼睛、砍掉人双脚等特别残忍的手段伤害他人的行为。可以认为,这里的"手段特别残忍"侧重的不是对法益侵害程度和后果的判断,而是着眼于对一种善良风尚和伦理观念的违反;手段残忍并不必然造成更大的危害后果,但是足以反映出与一般的杀人手段相比,该手段本身的反伦理、反道德性更加严重。

在本案中,被告人胡某亭的犯罪手段为持刀杀人,并非使用极为罕见且残忍的方式,在行为次数上仅捅刺了一刀,而非连续捅刺,在被害人失去反抗能力之后也并没有再次捅刺,因此,法院最终未将其认定为"手段特别残忍"。

基于《刑法》第 17 条中关于年满 75 周岁老年人的相关规定,除上述"特别残忍"的定义外,仍由许多问题需要在司法实践中进一步澄清,如"手段特别残忍"和"情节特别恶劣"的关系与区别界定,"手段特别残忍"似乎将范围局限在对行为手段的客观模式上,而排除了对犯罪者主观恶性、人身危险性的考量,相较之下,"情节特别恶劣"是不是更合适的判断标准?

如何将最大化保护社会公益,与在司法过程中对老年犯罪者进行一定程度上的宽大处理相平衡,是仍需进一步探讨的议题。

第二节 侵犯人身权利类犯罪

一、虐待罪与虐待被监护、看护人罪

（一）虐待罪

虐待罪，是指以打骂、冻饿、强迫过度劳动、不给予医疗、限制自由、侮辱人格等手段，对共同生活的家庭成员进行肉体和精神上的摧残和折磨。根据《刑法》第260条的规定，虐待家庭成员情节恶劣的，处以2年以下有期徒刑、拘役或管制；如果因虐待导致被害人重伤或死亡，则处以2年以上7年以下有期徒刑。这一罪名的设立，旨在保护家庭成员特别是弱势群体，维护家庭和社会的和谐。

虐待罪通常涉及对家庭成员的持续性伤害，包含身体和精神两个方面。无论是通过暴力行为，如殴打、捆绑等直接的身体伤害，还是通过精神上的折磨，如侮辱、威胁、长时间的冷落等，让被害人感到心理上的压迫和痛苦，行为人都在剥夺被害人的基本权利和尊严。长期的口头侮辱、精神控制，对有病的家庭成员不提供必要的医疗照顾，或对老年人、儿童的基本生活需求置之不理，这些行为都可能构成虐待罪。根据具体情节的严重性，虐待行为的后果也会有所不同。

值得注意的是，在区分虐待罪与过失致人死亡、故意伤害、故意杀人等犯罪时，行为人的主观心态发挥了关键作用。最高人民法院、最高人民检察院、公安部、司法部《关于依法办理家庭暴力犯罪案件的意见》指出，“对于被告人主观上不具有侵害被害人健康或者剥夺被害人生命的故意，而是出于追求被害人肉体和精神上的痛苦，长期或者多次实施虐待行为，逐渐造成被害人身体损害，过失导致被害人重伤或者死亡的；或者因虐待致使被害人不堪忍

受而自残、自杀，导致重伤或者死亡的，属于刑法第二百六十条第二款规定的虐待‘致使被害人重伤、死亡’，应当以虐待罪定罪处罚”。这里，被告人主观上的目的是“追求被害人的痛苦”，若被告人主观上具有伤害、杀害被害人的目的，那么行为的性质倾向于构成故意杀人、故意伤害罪。

（二）虐待被监护、看护人罪

根据《刑法》第260条的规定，虐待被监护、看护人罪是指对未成年人、老年人、患病的人、残疾人等负有监护、看护职责的人，虐待被监护、看护的人，情节恶劣的行为。这一罪名旨在保护弱势群体的权益，确保那些对未成年人、老年人、患病的人、残疾人负有监护、看护职责的人不会对他们实施虐待。如果犯罪行为是由单位实施的，除对单位判处罚金外，还会对单位直接负责的主管人员和其他直接责任人员进行相应的处罚。如果犯罪行为同时构成其他犯罪，将依照处罚较重的规定定罪处罚。

这一罪名的设立，旨在为非家庭成员之间的虐待行为提供法律保护，特别是针对那些在幼儿园、养老院等机构工作的员工对被监护、看护人员的虐待行为，是对虐待罪的补充，也是对养老社会发展需要的适应。

最后，虐待罪及虐待被监护、看护人罪均属于自诉案件，即告诉才处理的案件，通常由被害人向人民法院提起诉讼，才能启动刑事程序。然而，如果被害人没有能力提起诉讼，或者因为受到强制、威吓而无法告诉的，也可以转为公诉案件。此外，如果行为人虐待家庭成员导致家庭成员重伤或死亡，这种情况则属于公诉案件范畴，公安机关应当立案侦查。

（三）案例介绍

罗某友虐待被看护人案

张某林患有阿尔茨海默病，自2021年2月入住重庆市江津区某养老院时能够基本自理，但自2022年6月起，病情加重，表现出攻击性和失控行为。罗其友作为看护人员，对张某林实施了多次虐待，包括殴打和推倒，导致其受伤。7月16日，罗某友在养老院内将张某林推倒，致其头部撞墙并用手打其耳光。张某林随后被送往医院，诊断为多处骨折和硬膜下血肿，伤情被鉴定为轻伤一级。罗某友承认了虐待行为，并赔偿了张某林的医疗费用。公诉机关以虐待被看护人罪对其提起公诉，认为其行为情节恶劣，构成犯罪。最终，法院判处罗某友有期徒刑1年3个月，并在考虑其自首和认罪态度后作出量刑决定。

根据《刑法》第260条之一规定，虐待被看护人罪的主体是负有看护责任的人。罗某友作为养老院的看护人员，自然承担了对张某林的监护责任。需要注意的是，养老院的负责人王某也需承担对养老院中老人的监护责任，其职责不仅是管理园所的运营，还包括确保老人的基本安全和健康。如果王某作为负责人，知道罗某友的虐待行为，并且曾试图掩饰隐瞒这种行为，如让护工避免在监控下表现出不当行为。这种情况下，王某不仅有责任，也是具备阻止虐待行为能力的负责人，他拥有管理权和决策权，能够随时对员工的行为进行监督和干预。根据法律的规定，看护人员在知晓虐待情况时有义务采取措施制止，如果有能力阻止虐待行为但没有采取任何措施，则也需要面对相应的法律责任。这表明看护责任不仅是消极的“不施暴”，也是实际操作中的积极行为(应监督和干预)。

此外，在本案中，法院也可以对罗某友适用从业禁止与禁止令，以防止其再次从事与被看护人有关的工作。从业禁止令主要适用于因职业便利而实施犯罪的个体。罗某友作为养老院护工，利用职务之便实施了虐待行为，因此适用从业禁止。从业禁止的期限一般设定为3～5年，由法院在判决中考虑犯罪的性质、情节以及被告人的悔罪表现进行确定。通过对从业禁止的适用，法律不仅在惩罚被告人，还在保护潜在的被看护人群体，确保不再出现类似事件。这种措施可以增强社会对看护行业的信任，也在一定程度上提高了法律的威慑力。

最后，本罪在实务中，尤其是涉及养老院、医院护工虐待被监护、看护人的情境下，容易出现诉讼代理人人数众多的情形，法院在处理过程中往往需要采取特殊措施以保障诉讼的公正与效率。例如，代表出庭制度。根据《刑事诉讼法》的规定，对于人数众多的案件，法院有权选择代表出庭，以提高审理效率。这意味着所有代理人可以在一名代表的带领下，向法院阐述意见和诉求。这一做法不仅减轻了法院的审理负担，也尽量确保了所有被害人的声音能够得到传达。此外，法院还可以派专门人员走访被害人，了解他们的具体情况，以保证每个被害人的知情权和参与权，确保他们在司法过程中不会受到冷落。

从本案中，可以总结出以下几点：首先，看护人员，尤其是负责人需清晰认识到自己对被看护人具有明确的监护义务，任何疏忽都可能导致严重后果，而对于明知虐待行为却不制止的责任人，法律应追究其责任，体现了法律对弱势群体保护的决心。其次，本罪属于职务犯罪，具有再犯预防的必要性。从业禁止与禁止令的实施为防止类似事件再度发生提供了有效的法律保障，彰显了法律的威慑力。最后，在处理多名被害人的案件中，代表出庭制度是该类案件的常见形式，如何确保每个被害者的权利都得到主张，需要在实务中尤其注意。

二、遗弃罪

遗弃行为在法律上具有重要的定性，尤其是在涉及老年人、儿童或病人等弱势群体时。遗弃不仅是对扶养义务的违背，更可能导致严重后果，甚至致人死亡。在《刑法》中，遗弃罪的界定为："对于年老、年幼、患病或者其他没有独立生活能力的人，负有扶养义务而拒绝扶养，情节恶劣的，处五年以下有期徒刑、拘役或者管制。"（第 261 条）该条款强调了对于被遗弃者的保护，并对遗弃行为予以惩处。此外，遗弃行为还可能影响继承权的丧失。根据《民法典》的规定，若继承人对被继承人实施严重的虐待或遗弃，其继承权将被剥夺。这一法律设计意在维护老年人的基本权利与尊严,促使家庭成员履行应尽的道德和法律义务。通过明确的法律条款,遗弃行为不仅受到刑事制裁,同时在民事领域引发继承权的严重后果,彰显了法律对人性与伦理的重视。

(一)遗弃致人死亡和故意杀人

子女拒不履行扶养义务,导致老人死亡的,与不作为的故意杀人之间存在一定的模糊地带。以"解某英案"为例,我们对遗弃罪的"此罪与彼罪"的界限进行讨论。

解某英案

解某英于2014年在重庆市万州区被其4个儿子遗弃,最终致其死亡。解某英已经85岁,按照约定应由4个儿子轮流提供赡养。2014年1月1日,第四个儿子结束赡养责任后将其送至大儿子家。然而,大儿子外出办事并锁上大门,导致解某英在家门外等待2小时。随后,解某英返回第四个儿子处,但被告知无法继续居住。最终,老人无奈地在寒冷天气中寻求其他儿子的帮助,直至因摔倒在户外而未能得到及时救助而去世。

根据《老年人权益保障法》第15条的规定,赡养人有义务为老年人提供必要的照顾和医疗救助。4个儿子作为解某英的直接赡养人,负有对其生活和安全的法律责任。4个儿子在轮流赡养安排中未能履行相应的责任,在解某英被遗弃后,他们也未采取必要措施进行救助,这种行为不仅违反了道德规范,也构成法律上的重大失责,符合《刑法》第261条中"负有扶养义务而拒绝扶养"的构成要件,同时,他们拒绝扶养的行为直接导致老人死亡,很明显也符合"情节恶劣"的要求。

然而,4个儿子的行为是否能构成"故意杀人罪"呢?在《刑法》中,故意分为"作为"的故意和"不作为"的故意,所谓不作为的故意,是指犯罪人有义务实施并且能够实施某种积极的行为而未实施的行为，即应该做也能够做而未做的情况。不作为在客观方面需要具备三个条件。第一，行为人负有某种积极行为的义务，这是构成犯罪的不作为的前提。特定义务一般有三个来源：一是法律明文规定的特定义务；二是职务上或者业务上要求履行的义务；三是由行为人先行的行为而使法律所保护的某种利益处于危险状态所产生的义务。第二，行为人有履行特定义务的实际可能性而未履行；如果行为人虽有某种特定义务，但由于某种原因而不具备履行该项义务的实际可能性，则不构成犯罪的不作为。第三，行为人未履行特定义务的不作为行为导致危害结果的发生，即不作为行为与危害结果之间有因果关系。

解某英在深夜呼救的声音被两个儿子听到，而他们选择不采取行动，表明其对母亲安全的漠视。在极端天气条件下，他们未出门寻求老人，更体现出对可能结果的放任态度，构成了间接故意。法医鉴定结果显示，解某英的死因是跌倒后未能及时救治导致的创伤性休克，这说明 4 个儿子的不作为是直接导致解某英未能获得必要的救治的原因，因此可以认定，他们的行为与老人的死亡之间存在直接的法律因果关系。

法院最终以遗弃罪对 4 个儿子进行判决，判处 2 年以下有期徒刑。尽管这一判决在法律上符合规定，但从社会伦理和道德角度来看，许多人认为该量刑过轻。作为赡养人，4 个儿子不仅未能履行对老人的照顾义务，在关键时刻选择放任其死亡，是否应受到更为严厉的法律惩罚，成为社会关注的焦点。从法理的角度考虑，4 个儿子的行为是否能以“故意杀人”定罪，也存在进一步分析的空间。

（二）继承权丧失

根据《民法典》的相关规定，继承人若有严重虐待或遗弃被继承人的情形，将丧失继承权。

根据《民法典》第 1125 条的规定，继承人若有以下行为之一，将丧失继承权：（1）故意杀害被继承人；（2）为争夺遗产而杀害其他继承人；（3）遗弃被继承人,或者虐待被继承人情节严重;(4)伪造、篡改、隐匿或销毁遗嘱,情节严重;(5)以欺诈、胁迫手段迫使或妨碍被继承人设立、变更或撤回遗嘱,情节严重。该条款明确“遗弃被或者虐待被继承人情节严重”是导致继承权丧失的法定要件。

例如,在张四因虐待与遗弃父亲张三而引发的继承权争议中,张五认为张四应丧失继承权。根据法庭的认定,张四的行为已构成《民法典》第 1125 条所述的情形,因此应当丧失继承权。相似地,在“山东省济南市的蔡某某法定继承纠纷案”中,虽然蔡某丙与父母关系不佳,但未达到虐待或遗弃的严重程度,因此未丧失继承权。这表明,继承权的丧失不仅依赖于家庭关系的复杂性,更取决于行为的严重性和法律的具体规定。

尽管继承权因虐待或遗弃行为而丧失,但法律也提供了悔改和恢复继承权的可能性。《民法典》第 1125 条还规定,继承人有上述行为中的第 3 项至第 5 项行为,但确有悔改表现,并且被继承人表示宽恕或者在遗嘱中将其列为继承人,那么该继承人将不丧失继承权。此即,如果虐待或遗弃的继承人表现出悔改,且被继承人对此表示宽恕,则其在某些情况下可以恢复继承权,这说明在保护老年人的合法权益,法律的灵活性也试图为家庭成员之间的和解与修复关系提供空间。

第三节　侵犯财产权利类犯罪

在信息化时代,针对老年人的诈骗行为尤其严重,其中,金融欺诈和电信网络诈骗最普遍。犯罪分子常以“医疗保健人员”或“银行工作人员”等身份,通过社区活动或电话联系高龄老人,利用高额利息的诱惑,劝说他们将积蓄投入所谓“稳健的理财产品”。然而,往往在不久后,老人们会发现自己投入的资金已然消失。此外,诈骗手段还包括伪装成朋友、亲属或公权力机关进行欺诈，推销无用的保健产品，以及隐瞒信息诱使老年人投资高风险的理财产品，甚至通过“广场舞”扫码非法获取个人信息等，形式多样，防不胜防。

近年来，不法分子利用老年人对健康的恐惧心理、渴望陪伴和相对较低的警惕性，骗取钱财，严重影响其养老金安全。这些行为可能违反《刑法》的多项条款，包括生产、销售伪劣产品罪、假药罪、集资诈骗罪、合同诈骗罪等。最高人民法院也发布了《关于审理非法集资刑事案件具体应用法律若干问题的解释》，明确了非法吸收公众存款罪的认定标准和量刑依据，特别强调了在养老服务、投资项目中非法吸收资金的行为应受到严惩。

本节将选择一些具有代表性的案例，介绍针对老年人财产犯罪的常见手段，以增强防范意识。

一、诈骗罪

诈骗罪，是指以非法占有为目的，通过虚构事实或隐瞒真相，骗取公私财物的行为。根据《刑法》第 266 条的规定，诈骗罪的构成要件包括行为人主观上的非法占有意图、客观上的虚假行为以及受害人因信赖这些虚假行为而造成的财产损失。近年来，针对老年人的诈骗案件日益增多，其手法多样且隐蔽，以下是对几起典型养老诈骗案件的详细概述，旨在对常见的老年诈骗形式进行科普和总结。常见诈骗类型如下。

1. 提供“退款”“返款”等“小便宜”进行诈骗。赵某某于 2013 年在两家旅游公司任销售经理，利用“先存款后旅游”的模式吸引老年人购买旅游套餐。随着资金周转问题的加剧，投资返利停止，押金无法退还。2020 年 10 月至 2021 年 7 月，赵某某离职后，利用掌握的客户信息，以虚构帮助办理退款的名义，再次对老年人实施诈骗，骗取 5 名受害人共计 50 余万元。此外，赵某某还曾在 2019 年诈骗 1 名被害人 80 余万元。北京市丰台区人民检察院于 2022 年 2 月 11 日对赵某某提起公诉，并在后续调查中发现其还有多起诈骗行为。最终，赵某某被判处有期徒刑 11 年，剥夺政治权利 2 年，并处罚金

11 万元。赵某某在本案中利用老年人对退款的需求进行“二次收割”,激发了老年人利益需求的诱惑,造成某种心理上的依赖或紧迫感。

2. 利用兴趣爱好进行诈骗。2019 年 4 月至 2020 年 7 月,迟某某与其他 9 人组成的团伙,冒充拍卖公司,以“帮助老年人进行收藏品拍卖”的名义进行诈骗。该团伙谎称能够进行免费鉴定和高价拍卖,诱骗老年人支付佣金和保证金等费用,最终骗取 30 余名老年人共计 86 万余元。在本案中,诈骗分子利用老年人缺乏收藏品知识的弱点,从老年人的兴趣爱好入手,通过伪造的专业背景制造虚假需求进行诈骗,不仅损害了受害者的财产利益,也扰乱了市场秩序。

3. 办理政务服务诈骗。2013 ~ 2021 年,郭某斌以熟人关系为基础,谎称能够代办退休等事务,向老年人收取各种费用,骗取 20 名受害人共计 400 多万元。其诈骗手段包括收取活动费和补缴款项等。该案件的诈骗特点是利用熟人关系和假借合法政务服务,郭某斌依赖熟人网络,利用与受害者的亲近或建立的信任感作为基础,特别容易降低老年人的警惕性,让他们放松戒备,轻易相信诈骗者的承诺。同时,退休、补缴款项等服务本身属于法律保护的政务服务,正当且与老年人利益息息相关,因此不容易引起怀疑。老年人往往不熟悉具体的政策程序,因而容易相信诈骗者所谓的“代办”。同时,郭某斌制造紧迫感或假装提供特殊优惠来诱惑受害人。例如,以“补缴款项”或“抓紧办理”为由,迫使老年人快速作出支付决定。老年人担心错过机会,或者害怕错过领取退休金、福利等,容易陷入这种心理陷阱。

老年人通常对复杂的政府程序和相关政策不够了解,尤其是数字化后,因为缺乏对新兴技术的熟悉,他们可能认为代办是更为便捷的选择,因而容易相信所谓的“内部关系”和“代办服务”。此外,老年人对自己的退休金、养老金、医疗福利等非常重视,出于对经济保障的需求,容易被关于财务或政务相关的“优惠”“快速办理”的骗局吸引。由于不愿错过看似合理的机会,老年人倾向于匆忙作出决定。

4. 保健品诈骗。2011 年，陈某某在江苏省南京市成立多家公司，主要面向老年人销售保健食品。通过其控制的“金鹰团队”，陈某某采用“平台旅游会销”模式，以免费旅游为诱饵，诱骗老年人参加销售活动。销售人员假冒医学专家进行咨询，伪造体检报告，虚假宣传保健食品的疗效，声称可以预防和治疗多种疾病。这种方式不仅侵害了老年人的财产权益，还可能影响其正常的医疗诊治。

保健食品诈骗的关键在于对老年人健康需求的利用。犯罪分子通过伪造的医疗背景和夸大的产品效果，让老年人产生恐慌和焦虑，认为自身健康处于危险中，从而愿意高价购买不必要的保健产品。此类诈骗通常结合多种营销手段，极具隐蔽性和迷惑性。

5. 传销诈骗。2017 年，汤某某与他人合作，以中老年人为主要对象，通过开设“老区红”专卖店的方式进行传销活动。汤某某以虚假的承诺，如公司 3 年内上市、期权可兑换原始股，诱使老年人投资并发展下线。最终，汤某某和其同伙共发展下线 31 人，骗取投资金额约 114.78 万元。

传销诈骗通常通过设立层级和返利机制来吸引参与者。犯罪分子利用老年人对投资的渴望和对收益的期待，以及对特殊涉老产品、社团活动等的需求，通过设计复杂的层级结构，诱骗老年人不断发展下线，最终导致参与者损失惨重。此类诈骗不仅涉及经济损失，还严重扰乱了社会的经济秩序。

6. 婚恋骗局。2019 年，被告人高某某冒充“老教授”，通过电话和社交媒体与 77 岁的老年女性建立恋爱关系。他谎称其儿子在美国遇到麻烦，需要借款 170 万元。受害人出于信任，将款项转入高某某指定的账户，最终导致高某某套现 152.57 万元。此类骗局利用老年人对情感的渴求和孤独感，建立虚假的亲密关系。这类诈骗犯罪往往具有高度的个性化，诈骗者通过伪装成理想伴侣，逐步赢得受害者的信任，随后以各种理由要求借款。老年人在情感方面的脆弱使他们更易受到伤害，因此，警惕性相对较低。

7. 高息借贷诈骗。廖某某在 2013 年至 2020 年，以高息借款为诱饵，骗取 77 名老年人共计 1621.4 万元。廖某某在明知自己无还款能力的情况下，虚构借款用途，诱骗老年人借款。高息借贷诈骗通常以承诺高额回报为诱惑，利用老年人对资金增值的期望。这类犯罪往往伴随“拆东墙补西墙”的操作手法，导致受害人不仅损失本金，还失去多年积蓄。受害者在经历金融损失后，往往感到深深的自责与失落。

总的来看，针对老年人的诈骗行为形式多样，主要可归纳为以下几种。第一，利用兴趣爱好，诈骗者通过旅游退费和收藏品拍卖等手段，利用老年人对旅游和收藏的兴趣，诱导他们支付“手续费”或“佣金”。老年人对自己的兴趣抱有较高期望，容易被虚假的承诺所迷惑。第二，利用政府政策，诈骗者冒充政府工作人员，以代办退休、职务晋升等名义，利用老年人对政府政策的信任，收取高额费用。这一手法充分利用了老年人对政策流程的不熟悉和对权威的依赖。第三，利用医疗和保健品，针对老年人身体健康的关切，诈骗者以销售虚假保健品或提供“特殊医疗服务”为名，诱使老年人花费大量金钱。这类诈骗往往利用老年人对健康的焦虑和需求。第四，利用养老服务，诈骗者以提供假冒的养老服务或护理服务为名，收取费用后失联，严重侵害老年人的权益和财产。第五，利用熟人关系，通过伪装成熟人或朋友，诈骗者向老年人提供虚假投资信息，利用亲近感消除警惕性，实施诈骗。第六，利用投机心理，一些诈骗者提供虚假投资机会，承诺高额回报，利用老年人希望增值财富的心理，诱使他们投入资金。

老年人容易成为诈骗对象，一方面，是因为许多老年人缺乏对现代科技和网络信息的理解，难以识别虚假信息和骗局；另一方面，是因为老年人孤独和焦虑，渴望交流，容易对表面上的关心和帮助产生信任。同时，老年人往往缺乏社会支持系统，难以及时获取防诈骗的信息和教育。

为了有效地保护老年人群体，社会各界应共同努力，加强对老年人的教育和宣传，提升他们的防骗意识。家庭和社区应主动关注老年人的生活状况，定期举办反诈骗讲座，增强他们的社会支持网络。同时，政府和相关部门应加大打击养老诈骗的力度,完善法律法规,以确保老年人能够在安全的环境中享受生活。只有通过全社会的共同努力,才能有效遏制针对老年人的诈骗行为,保护他们的合法权益。

二、集资诈骗罪和非法吸收公众存款罪

集资诈骗罪,是指以非法占有为目的,使用诈骗手段非法集资的行为,严重损害了社会的经济秩序和广大投资者的合法权益。《刑法》第 192 条明确规定,集资诈骗罪的最高刑罚可达无期徒刑,体现了国家对这一犯罪行为的高度重视。根据此法条,若犯罪金额较大,则处以 3 年以上 7 年以下有期徒刑,并处以罚金;若数额巨大或情节严重,则可处 7 年以上有期徒刑或无期徒刑,同时处罚金或没收财产。此外,最高人民检察院、公安部《关于公安机关管辖的刑事案件立案追诉标准的规定(二)》第 44 条规定,若非法集资数额在 10 万元以上,便应予立案追诉。

集资诈骗罪的要点是"以非法占有为目的"。《最高人民法院关于审理非法集资刑事案件具体应用法律若干问题的解释》第 7 条指出,认定"以非法占有为目的"的情形包括以下情形:"(一)集资后不用于生产经营活动或者用于生产经营活动与筹集资金规模明显不成比例,致使集资款不能返还的;(二)肆意挥霍集资款,致使集资款不能返还的;(三)携带集资款逃匿的;(四)将集资款用于违法犯罪活动的;(五)抽逃、转移资金、隐匿财产,逃避返还资金的;(六)隐匿、销毁账目,或者搞假破产、假倒闭,逃避返还资金的;(七)拒不交代资金去向,逃避返还资金的;(八)其他可以认定非法占有目的的情形。"

非法吸收公众存款与集资诈骗的核心区别在于是否"以非法占有为目的"。根据《刑法》第 176 条的规定,非法吸收公众存款罪是指违反国家金融管理法规非法吸收公众存款或变相吸收公众存款,扰乱金融秩序的行为。非法吸收公众存款罪通常表现为未经有权机关批准向社会公众募集资金,或者

以高息吸引公众存款等,其目的只是临时占用投资人的资金,并承诺还本付息,不具有永久占有的主观故意。若具有永久非法占有他人资金的主观故意,则构成集资诈骗罪。

部分老年群体有一定的财产积累,但缺乏相应的辨别能力,极易成为这两类犯罪的高发人群。下面通过一个以目前中老年群体较为热衷的广场舞活动为“诱饵”的典型案例,分析集资诈骗罪的构成要件及其社会影响,并总结出有效的防范启示。

刘某平等人非法吸收公众存款案

2014 年至 2015 年,被告人刘某平先后成立北京红舞联盟科技有限公司(以下简称“红舞联盟”)等公司,伙同被告人李某鹏等人,在未经依法批准的情况下,以众筹开发老年人网络社交平台——“红舞联盟”手机应用软件为由,约定 8% ~14% 年化收益率并承诺保本付息,向不特定社会公众特别是爱好广场舞的老年人公开宣传。

为吸引老年人投资,刘某平等人在“红舞联盟”手机应用软件推出聊天交友、舞蹈教学、舞场定位、活动报名、积分换购、推荐抽奖等对老年广场舞爱好者具有吸引力的功能,拉拢老年人下载注册。同时,在线下通过发放统一服装、组织广场舞比赛、申请万人同舞“吉尼斯”世界纪录、组织用户旅游考察等方式进行宣传,吸引老年人关注。为拓展吸收资金渠道,刘某平等人吸纳原有社区广场舞队加入“红舞联盟”,将部分广场舞组织者、教学者发展为业务员吸收资金。为解决老年人线上签合同、转账操作不熟练等问题并规避监管,业务员均在线下与老年投资者签合同收取资金。

至 2019 年 7 月,被告人刘某平等人向 1200 余人非法吸收公众存款 8.7 亿余元。上述资金被用于支付集资参与人本息、向业务员发放提成、投入“红舞联盟”应用软件运营以及其他经营项目,给集资参与人造成本金损失 3.3 亿余元。

三、招摇撞骗罪

招摇撞骗罪，是指以虚构身份或冒充国家机关工作人员等方式，实施欺骗行为以获取非法利益的犯罪。这一罪名反映了对国家机关威信的侵犯及对公民财产权利的侵害。根据《刑法》第 279 条的规定，招摇撞骗罪的刑罚可处以有期徒刑，并依据犯罪情节的严重程度而定，情节特别严重的，可能面临更重的刑罚。

贺某某招摇撞骗案

2022 年 2 月至 4 月，贺某某冒充国家机关工作人员，通过不正当手段对老年人进行诈骗。具体而言，贺某某在莲花县升坊镇及神泉乡等地，以民政局和乡政府干部的身份出现，声称能够协助办理低保等社会福利，诱骗老年人缴纳现金。贺某某采用的诈骗手法主要是虚构身份与承诺利益相结合。他通过直接接触老年人，向他们宣传可以快速办理低保的“便利”，并承诺在缴纳一定金额后可获得低保资格。这种方法不仅利用了老年人对社会保障的渴望，也激发了他们对“低保”政策的信任和依赖，使他们在信息不对称的情况下轻易相信贺某某的说辞。

在实施过程中，贺某某积极策划和组织，选择了相对偏远和信息闭塞的农村地区，作为其诈骗活动的目标。在这种环境下，老年人群体由于对社会资源的依赖，往往对外部信息缺乏敏感度，容易受到误导。最终，贺某某成功诈骗了 4 名老年人，共计 5200 元。

招摇撞骗罪在老年人群体中频发，主要原因是老年人对政府及其工作人员通常抱有高度的信任，认为国家机关的工作人员会公正、合法地帮助他们。这种信任心理使老年人在面对陌生人的虚假身份时，缺乏必要的防范意识，从而轻易上当受骗。

第四节 妨害社会秩序类犯罪

一、食品安全问题

老年群体作为消费市场中的重要一环,尤其是在保健品、药品等领域,常成为不法分子的目标。利用老年人对健康的迫切需求,销售有毒、有害的食品和保健品,不仅侵害了他们的经济利益,还严重威胁其身体健康与生命安全。本节通过分析北京市人民检察院发布的"杨某某销售有毒、有害食品刑事附带民事公益诉讼案",探讨《刑法》在打击针对老年人的食品安全犯罪中的具体运用。

杨某某销售有毒、有害食品刑事附带民事公益诉讼案

2018 年,杨某某在未取得食品经营许可的情况下,开始销售"三无"产品"降糖茶",并通过虚假宣传,谎称该产品具有神奇的降糖效果。杨某某在明知其销售的"降糖茶"中非法添加了有毒、有害成分(如格列本脲和盐酸二甲双胍)的情况下,仍然通过网络向全国多地的老年消费者销售该产品。自 2019 年 12 月至 2020 年 11 月,杨某某非法获利约 95 万元。

2021 年,北京市东城区人民检察院以"销售有毒、有害食品罪"对杨某某提起刑事附带民事公益诉讼。2022 年,北京市东城区人民法院作出判决,杨某某被判有期徒刑 10 年,并处罚金 20 万元。杨某某还被要求支付惩罚性赔偿金 326.6 万元,并在国家级媒体上公开赔礼道歉,判决现已生效。

根据《刑法》第 144 条的规定,销售有毒、有害食品罪是指生产、销售明知掺有有毒、有害的非食品原料的食品,危害他人健康的行为。在本案中,杨某某在明知其销售的"降糖茶"中非法添加了格列本脲和盐酸二甲双胍等西药

成分的情况下,仍继续向老年人销售,构成了销售有毒、有害食品罪。

杨某某的行为不仅违反了国家食品安全管理制度,还严重威胁老年人的身体健康。老年人作为身体机能较弱、容易受到疾病侵袭的群体,购买“降糖茶”是为了控制糖尿病,但其成分可能导致严重的副作用甚至危及生命,社会危害性极大。法院据此判处了重刑,体现了《刑法》对这类危害老年人健康的犯罪行为的严厉打击。

值得注意的是,在本案中,检察机关提起了刑事附带民事公益诉讼,这是为了保护老年消费者及公共利益的法律创新措施。依据《民事诉讼法》的相关规定,杨某某的违法行为不仅侵害了个人权益,也破坏了社会公共利益,检察机关代表公共利益提起诉讼,要求惩罚性赔偿,并在媒体上公开赔礼道歉。这种方式不仅有利于追究犯罪者的民事责任,还对其他潜在的违法者形成了强大的震慑作用。

最后,法院在本案中判处杨某某支付惩罚性赔偿金 326.6 万元,这是基于其违法销售金额的 10 倍进行裁定的。这一惩罚性赔偿的适用,充分体现了《食品安全法》中“最严厉的处罚”的要求,也反映了对消费者合法权益的最大化保护。尤其是针对老年人这一特殊消费群体,法律通过严厉的经济制裁来减少食品安全犯罪行为的发生。

本案在其社会影响力及法律适用领域都具有一定的典型意义。本案通过刑事处罚和民事赔偿的结合,体现老年人食品安全问题需要得到高度重视和合理的特殊对待。本案中的民事公益诉讼由检察机关发起,发挥了法律保护公共利益的功能。食品安全犯罪不仅影响个别受害者,更威胁社会公共安全,因此,检察机关的介入是对个人维权能力不足的一种补充。通过追究销售者的民事责任,不仅使犯罪者付出沉重代价,还能够有效弥补社会公共利益的损失。

本案有以下启示。

1. 老年消费者需警惕虚假宣传与非法产品。老年人在选择保健品和药物时,应更加谨慎,避免被所谓的“神奇疗效”误导。老年人及其家属应选择正规渠道购买产品,特别是对那些没有明确标识和认证的“三无”产品,切勿轻信其夸大宣传。政府也应加强对老年人群体的科普教育,帮助他们识别非法和有害产品。

2. 检察机关的双重职能:刑事和公益诉讼的结合。本案展现了检察机关在食品安全领域的双重职能,不仅通过刑事诉讼追究违法者的刑事责任,还通过民事公益诉讼保护社会公共利益。这为未来类似案件的处理提供了有力的司法保障,也为老年人权益的保护提供了新的路径。

3. 惩罚性赔偿与公开道歉的警示效应。本案中的惩罚性赔偿和公开赔礼道歉,不仅对杨某某个人起到震慑作用,还对社会中其他潜在的违法者发出强烈的警告。高额的经济制裁能够有效遏制此类侵害老年人权益的犯罪行为,而公开道歉则起到重塑社会信任的作用,进一步彰显了司法公正。

4. 证据保存的重要性。尽管上文中未详细赘述,但是,在本案中,电子证据在案件的审理过程中起到关键作用,尤其是证明杨某某明知产品含有非法成分的情况下仍然继续销售。这为受害者在遭遇类似侵害时提供了重要启示:及时保存和收集相关证据,尤其是电子数据,能够为维权提供有力的支持。对于老年消费者及其家属,以下几点尤为重要。首先,保存交易记录。交易记录包括网络支付截图、快递信息、聊天记录等,能够证明产品的来源、交易时间及具体内容。即使通过电话或面对面购买,也应要求商家提供书面或电子收据,并保存相关凭证。其次,保留产品包装与宣传资料。购买保健品或药品时,应注意保存产品的包装、标签及商家的宣传材料。这些资料不仅能够帮助证明商家的虚假宣传,还能反映产品是否存在非法添加成分等问题。此外,及时就医并保存病历。如果在使用产品后身体出现异常,老年人应尽快就医,并保存所有与治疗相关的病历、化验报告及药品使用记录。这些医学证据对日后证明产品对健康的危害具有重要意义。最后,寻求法律援助并举报。发现问题后,应及时向相关部门举报或咨询法律专业人士,确保自己的权利能够得到及时的保护。在某些情况下,举报能够促使执法部门更早介入,避免更多人受害。通过妥善保存证据,老年受害者及其家属可以为维权和追究违法者的责任打下坚实的基础,最大限度地保护自身合法权益。

二、信息网络犯罪

(一)侵犯公民个人信息罪

随着数字化时代到来,公民个人信息成为高价值资产,老年群体由于防范意识薄弱,常常成为信息犯罪的主要目标。在针对老年人群体的犯罪中,不法分子常通过"志愿服务"或帮助激活数字账户等手段获取老年人的敏感信息,进而非法出售或利用这些信息牟利。这种行为不仅侵犯了老年人的个人隐私,还为后续的金融犯罪提供了便利,严重威胁了老年人的财产安全和社会稳定。因此,保障老年人信息安全已成为当前社会治理的一大重点。

《刑法》第253条之一明确规定了侵犯公民个人信息罪,涵盖了非法出售、提供、窃取或以其他方式非法获取公民个人信息的行为。其中的"公民个人信息",包括姓名、身份证号码、通信通讯联系方式、住址、账号密码、财产状况、行踪轨迹等。其中,个人通讯联系方式均实名认证,多数与银行卡、社交软件、支付账户等绑定,与公民的人身、财产安全直接相关,被泄露后容易导致公民成为电信网络诈骗、套路贷等违法犯罪活动的目标。

周某某侵犯公民个人信息罪案

2022年11月起,周某某为谋取非法利益,先后在多地农贸市场做"地推",以新用户扫码注册QQ、微信、抖音、京东即可1元领取面巾纸、食盐等礼物的方式,获取他人手机号码,并将获取的手机号码推送到"地推"微信群中。在接收到注册账号的验证码后,周某某又将验证码发送到微信群中,群主操作注册成功后，即将支付宝口令红包发送给周某某。截至2023年5月1日，周某某获利共计11万余元，涉案地点均在场镇的农贸市场，针对的主要人群是中老年人。其出售的公民个人信息被其他的犯罪分子用于电信犯罪等，或许还将引起另一诈骗链条的产生。

在这个案件中，周某某通过在老年人经常聚集的农贸市场进行地推的方式，利用其较低的风险意识和对小礼品的吸引，非法获取公民的手机号码和相关验证码，并将这些信息转售或提供给他人进行注册账号操作，从而获得非法利益。这种犯罪方式具有以下特点。

1. 利用小礼品引诱：周某某在农贸市场以送小礼品的方式（如面巾纸、食盐等），吸引中老年人扫码注册。老年人通常对实用的小物品有较高的兴趣，并且对扫码操作的潜在风险认识不足，因此较容易上当。这种看似无害的推广行为，实际上隐含了个人信息的非法获取。

2. 通过地推方式获取大规模信息：诈骗者通过在人员流动较大的农贸市场做“地推”活动，快速、低成本地获取大量中老年人的手机号码。这种地推方式隐蔽性较高，老年人往往不会怀疑这种线下的推广行为，认为只是在正常注册应用，未意识到个人信息正在被非法收集。

3. 多环节合作，形成犯罪链条：周某某在获取手机号码和验证码后，将其发给“地推”微信群，群主再进行注册操作，完成整个信息链条。周某某通过这种合作方式，成为个人信息犯罪链条中的一环，并从中获利。这种多环节的操作让信息窃取更隐蔽，监管难度加大，犯罪行为链条更长。

这类诈骗利用了中老年人对信息技术和隐私保护意识的薄弱，采取线下地推的方式，收集大量个人信息，并将这些信息用于非法注册账号等行为，最终可能导致更为严重的电信诈骗或其他犯罪活动发生。这类犯罪隐蔽性高、危害广泛，老年人及其他公众应提高对信息保护的警觉性，尤其是对于扫码注册等涉及个人信息的操作，务必慎重，避免轻易泄露个人隐私。

(二)帮助信息活动犯罪

随着信息网络犯罪手段的不断升级,老年人不仅会成为潜在的目标受害者,也会成为犯罪分子眼中作为"帮助犯"的"软目标"。在许多案件中,老年人因缺乏对网络金融和相关法律的了解,往往被不法分子诱导出借银行卡和手机卡,成为犯罪链条中的一环。尽管许多老年人并未意识到参与网络犯罪的严重性,但法律不会因无知或疏忽而免除责任。下面这一案例为社会敲响了警钟,提醒老年人加强法律风险意识,避免因小利陷入犯罪陷阱。

张某等人帮助信息网络犯罪活动案

张某组织了一个名为"水房"的团伙,专门用于帮助上游犯罪团伙清洗非法所得。张某通过招募"卡商"王某等人,在本地居民中收购银行卡和手机卡,作为"卡农",再雇用池某等人为"操作手"管理资金流动,帮助犯罪团伙将非法资金进行层层转移。

案件中的"卡农",即出借银行卡和手机卡的居民,多为老年人,他们出于贪图小利参与其中,却未意识到自己已经成为信息网络犯罪的帮凶。法院认定,张某等人通过购买、出借"两卡"的方式,协助犯罪团伙规避侦查、洗白赃款,构成帮助信息网络犯罪活动罪。根据《刑法》第287条之二,明知他人利用信息网络实施犯罪,仍提供帮助的,构成该罪名。在本案中,张某等人的行为涉及金额高达3000万元,属情节严重,因此法院对张某判处有期徒刑1年10个月,并处罚金2万元,其他参与者也分别被判刑。

值得注意的是,本案的关键法律问题在于如何认定被告人"明知他人利用信息网络实施犯罪"。根据相关司法解释,行为人如在明知的情况下出租、出售多张银行卡、手机卡等,且卡片被用于异常资金流转,则可以推定行为人具有明知的主观故意,并不要求被告人知道"自己犯了法"。

由本案可见,老年人在作为帮助犯时可能陷入一些误区。首先,作为"卡农”的老年人往往缺乏对犯罪的认知，张某等人通过提供小利，引诱老年人参与出借银行卡和手机卡。这些操作在表面上看似普通交易，但实际上是复杂犯罪活动中的一部分。不法分子利用老年人对金融操作的不熟悉，借此掩盖其犯罪意图。许多老年人虽然没有明确意识到犯罪的全貌，但其出借“两卡”的行为仍助长了犯罪活动。法律规定，即使出于疏忽大意，依然要为自己的行为承担法律责任。

其次，老年人群体由于对互联网和金融监管的认知较弱，往往对高回报的承诺缺乏足够的质疑。同时，他们容易相信身边熟人的推荐，误以为出借银行卡是安全无害的，这为不法分子提供了可乘之机。

法院对该案的严厉判决，不仅是对信息网络犯罪的打击，也是对公众，特别是老年群体的警示。任何形式帮助网络犯罪的行为，哪怕是出借银行卡、手机卡这样看似无害的行为，都可能招致刑事责任。老年人应当提高警惕，不轻信他人，不因贪图小利而参与可疑的金融活动。社会各界也应加强对老年人的法律风险教育，帮助他们认清非法金融活动的危害，避免成为网络犯罪的受害者或帮凶。

三、非法行医

《刑法》第 336 条规定了非法行医罪；其中，非法进行节育手术罪，是指未取得医生执业资格的人非法行医，情节严重的，处 3 年以下有期徒刑、拘役或者管制，并处或者单处罚金；严重损害就诊人身体健康的，处 3 年以上 10 年以下有期徒刑，并处罚金；造成就诊人死亡的，处 10 年以上有期徒刑，并处罚金。

在农村地区，许多老年人习惯于依赖传统的“祖传秘方”或私人诊疗，以图方便或节省开支。然而，随着法律对医疗行为的监管日益严格，未经许可的非法行医行为不仅会对病人造成健康风险，还可能让老年人无意中触犯法律。尤其是一些农村老年人，出于对传统医术的信任或经济原因，私自为他人提供治疗，最终不仅可能带来严重的医疗事故，还可能面临法律处罚。

陈某某非法行医案

2011年6月、2013年5月，被告人陈某某（74岁）曾因非法行医行为先后两次被行政机关行政处罚。2019年2月10日、3月3日，被告人陈某某在未取得医生执业资格的情况下，再次在其住处，为被害人苏某某（57岁）夫妇开具自制的“秘方药”，被害人苏某某服用了此“秘方药”后，导致药物中毒性意识障碍等。经鉴定，被害人苏某某的伤势已构成轻微伤。2019年3月5日，被告人陈某其被公安机关抓获，到案后如实供述了罪行，并最终支付被害人医疗费、补偿款等合计17万余元，取得了被害人的谅解。最终被告人陈某某被法院以非法行医罪判处拘役6个月，缓刑6个月，罚金3500元。

由本案可见，诊疗行为事关群众人身安全，未取得医生执业资格的人不得私自从事诊疗活动。如遇身体不适，也应至正规医院就诊，不要轻信“秘方”“偏方”。对于非法行医的行为人而言，为了谋取非法利益，私自从事诊疗活动，不仅触犯法律，而且在遇到病人出现突发情况无法及时有效处置，可能造成严重后果，甚至面临巨额的赔偿。对于因病求医的人而言，贪图省钱、轻信秘方，至无资质诊所求医，是对自身安危和家人不负责任的表现，出现问题也将后悔莫及。

四、聚众冲击国家机关

《刑法》第290条规定，聚众冲击国家机关罪是指组织、煽动不特定多数人冲击国家机关，严重扰乱国家机关的正常工作秩序的行为。

老年人经常作为“被煽动者”成为此类案件中犯罪者，值得从多个角度深入探讨。这一群体不仅由于法律意识相对薄弱、社会信息接收不畅等因素而成为犯罪分子的目标，更由于社会舆论和情感因素的复杂性，使其容易被利用,并导致潜在的恶性后果。首先,老年人容易被煽动并可能扮演了重要角色。老年人通常更依赖传统媒体、亲友圈、和社区内的口耳相传,且获取信息的渠道相对单一,容易受偏颇的信息影响。一旦煽动者通过熟人关系或具有误导性的社会舆论对老年人展开宣传,老年人往往更容易相信,并迅速形成群体性的认知。这类群体效应可能使他们对某一事件产生强烈的情绪反应,进一步被煽动、操控。例如,在一些集体上访事件中,煽动者往往利用老年人对社会不公的敏感反应,夸大社会矛盾,以激发其参与活动的情绪。

其次,老年人集体参与违法行为往往引发社会对老年群体的污名化。在这些事件中,老年人被贴上了“闹事者”或“维权无理者”的标签,甚至在公共场合,如医院、学校、政府机关等地出现老年人集体维权或抗议行为时,容易引发公众的负面评价。长此以往,社会对老年群体的偏见加深,认为他们情绪不稳定、过于依赖政府或公共资源。这种污名化现象不仅使老年人承受了额外的社会压力,也使他们在合法权益受到侵害时,难以得到正当的舆论支持。

最后,煽动不仅针对政府机关,其他企事业单位也面临同样的风险。医院、学校、国企等公共服务机构,尤其是与老年人日常生活密切相关的单位,往往是煽动者的目标。这类单位由于其职能的公共性,老年人较易在其中产生不满情绪,煽动者则可能利用这种不满情绪,煽动老年人组织抗议或闹事。特别是在医疗纠纷、子女教育或退休金等敏感话题上,煽动者能够通过情绪渲染,迅速激化矛盾。

为了更好地防范和化解此类问题,本书提出以下进一步的建议。

1. 完善社会信息渠道与媒体监管:政府应鼓励主流媒体加大对老年人关切问题的正面引导,并通过老年人熟悉的媒体形式,及时澄清误导性信息。加强对网络自媒体及社交平台上的虚假或偏激内容的监管,避免谣言和不实信息进一步扩大老年群体的恐慌或误解。

2. 针对老年群体的公共服务机构需提高应对能力:医院、学校等公共服务单位应建立和完善针对老年群体的纠纷处理和沟通机制,提供更透明的信息发布渠道,避免因误解或误判产生冲突。同时,相关单位可以通过定期举办法律咨询会、医疗知识讲座等活动,增强老年人对政策法规的了解和信任感,从源头降低被煽动的可能性。

3. 社区建立社会支持网络:通过建立老年志愿者、退休干部和社区工作者相结合的支持体系,帮助老年人在日常生活中了解政策、表达诉求。通过社区活动增进老年人与政府及其他公共机构的信任和联系,形成防煽动的第一道屏障。通过以上措施,可以有效减少老年人在类似案件中的易被煽动性,并提升社会对老年群体的理解和包容,避免不必要的污名化现象。同时,通过全面的防控机制,确保各类社会机构都能及时发现并应对潜在的煽动行为,为老年群体提供更为良好的社会环境。

五、寻衅滋事

从上述内容我们可以发现,老年人容易不自觉地卷入犯罪活动,成为犯罪链中的一环。这一群体因缺乏对现代法律条文的系统了解和信息更新,常常被犯罪分子利用,成为违法活动的工具。一方面,老年人对现代犯罪形式的认知落后。例如,信息网络诈骗日益猖獗,老年人因信任他人,可能在不知情的情况下借出银行卡、手机卡,甚至协助犯罪分子进行洗钱等操作。他们可能仅因获取小额报酬而同意帮助,未意识到自己的行为触犯了法律。这种缺乏对犯罪链条的理解,使老年人在网络诈骗等新型犯罪中极易成为"帮助信息网络犯罪活动罪"的帮凶。另一方面,老年人容易被犯罪分子利用从事高风险的违法行为。由于他们法律意识淡薄,常常轻信他人而卷入诸如运毒、种植罂粟、非法运输珍稀濒危野生动物制品等犯罪活动。例如,有些老年人可能受到虚假信息的引导,误以为种植罂粟是一种可以获利的农作物,未意识到这是违法行为;或是帮助他人运送看似普通的货物,实则卷入了毒品或濒危动物制品的非法交易。这类行为不仅严重违法,还会给老年人带来极大的法律风险。此外，老年人也容易在情感和道德的误导下参与集体违法行为。例如，在一些地方性或群体性事件中，老年人可能因不满情绪或受到误导，参与聚众上访、停工等违法行为，甚至在情绪激动时参与辱骂、恐吓医务人员等行为（寻衅滋事罪）。他们往往认为这些行为是表达诉求的合法方式，未意识到其法律后果的严重性。部分老年人甚至参与非法行医活动，或是因为出于帮助他人的动机，忽视了行医资质和相关法律的要求，从而触犯法律。

寻衅滋事罪也是上述误区中的一条。《刑法》第293条规定，"有下列寻衅滋事行为之一，破坏社会秩序的，处五年以下有期徒刑、拘役或者管制：（一）随意殴打他人，情节恶劣的；（二）追逐、拦截、辱骂、恐吓他人，情节恶劣的；（三）强拿硬要或者任意损毁、占用公私财物，情节严重的；（四）在公共场所起哄闹事，造成公共场所秩序严重混乱的。纠集他人多次实施前款行为，严重破坏社会秩序的，处五年以上十年以下有期徒刑，可以并处罚金"。"王某寻衅滋事案"就说明法律意识淡薄可能导致总在忽视法律严肃性的情况下，触碰到刑法的边缘。

王某寻衅滋事案

王某因在某美容整形医院接受鼻部整形手术失败，之后到武汉市华中科技大学同济医院附属同济医院整形美容外科进行修复手术。然而，对手术效果不满的她从2009年起多次前往医院进行骚扰。她采取了包括在诊室涂抹油漆、打砸物品、辱骂和威胁医务人员的方式，破坏了医院的医疗秩序。尽管在2012年经过调解，医院支付了3万元的人道主义补偿金，并要求王某不得再纠缠医院，王某依然继续骚扰、恐吓医务人员。2014年，王某被公安机关逮捕，并被以寻衅滋事罪起诉。最终，法院判处其有期徒刑4年。

根据《刑法》第293条的规定，寻衅滋事罪的构成要件包括：随意殴打他人、追逐、拦截、辱骂、恐吓他人，强拿硬要公私财物，任意损毁、占用公私财物,或在公共场所起哄闹事,严重破坏社会秩序的行为。在王某案中,她的行为符合以下四项标准。

第一,随意殴打他人。王某指使他人殴打医生,导致医生轻微伤,虽未达到严重的伤害程度,但其行为已构成对社会秩序的破坏。根据最高人民法院、最高人民检察院《关于办理寻衅滋事刑事案件适用法律若干问题的解释》(以下简称《寻衅滋事司法解释》)第 2 条的规定,随意殴打他人且造成他人轻微伤的情形,已经达到定罪标准。

第二,辱骂和恐吓医务人员。王某多次通过短信威胁医生,扬言伤害医生家人。根据《寻衅滋事司法解释》第 3 条的规定,辱骂、恐吓他人,造成恶劣社会影响的情形,应当被认定为“情节恶劣”,足以构成寻衅滋事罪。

第三,任意损毁公共财物。王某多次在医院打砸公私财物,导致损失超过 2000 元。根据《寻衅滋事司法解释》第 4 条的规定,损毁公私财物价值达到 2000 元以上的情形,构成情节严重,符合刑法的入罪标准。

第四,在公共场所起哄闹事。王某在医院的行为,不仅影响了医务人员的正常工作,还引起了医院秩序的严重混乱。根据《寻衅滋事司法解释》第 5 条的规定,在医院等公共场所起哄闹事,破坏公共场所秩序的行为,也构成寻衅滋事罪的重要表现形式。

由于王某的行为涉及多种情节恶劣的情况,包括多次侮辱、恐吓医务人员,随意损毁财物,且造成公共秩序的混乱,法院依据湖北省高级人民法院的量刑指导意见,将其行为判定为情节严重,最终量刑 4 年有期徒刑。

从老年人视角来看,王某案中的情形具有典型性:她是由于整形手术失败后情绪失控,逐渐演变为持续性骚扰医务人员的寻衅滋事行为。这反映出在医疗纠纷的情境下,部分老年人可能因为身体状况、心理压力等原因,更容易在情绪激动时选择激烈的方式表达不满。由于对法律知识的缺乏或误解,他们可能认为通过“闹事”能得到更多的赔偿或让医院作出进一步的让步。

此外,老年人易被社会舆论影响和误导。老年群体相对来说容易受社会舆论的影响。随着社会对医疗问题的关注增加,某些媒体报道可能过分强调医疗事故的严重性,或误导患者认为通过采取激烈手段能够获得更好的解决方案。这使得一些老年人被激化,从而卷入不必要的违法行为。

老年人参与类似的寻衅滋事行为,除自身的情感冲动外,还有社会对老年人问题的污名化。部分人认为老年人更易产生过激行为,导致老年人的不满和抗议行为在社会舆论中更容易被放大和夸大。特别是在医院、政府等公共机构内,一旦老年人采取过激行为,往往容易引发公众的关注和争议。

王某案揭示了老年人在医疗纠纷和社会冲突中的特殊脆弱性。随着社会对老年人问题的关注增加,如何通过教育、法律援助和社会支持,帮助老年人正确处理冲突、保护其合法权益,已成为当前社会的重要课题。政府、家庭和社会应通力合作,帮助老年人避免成为违法行为的主体或工具,并通过加强法治教育,提高老年群体的法律意识和自我保护能力。

本章综合分析了老年人在社会秩序类犯罪中的特殊情况,涵盖如销售有毒有害食品和保健品、信息网络犯罪、非法行医、妨害公务及寻衅滋事等典型案例。老年人作为社会中的特殊群体,由于其生理和心理上的弱势,容易成为不法分子的目标,尤其是在信息网络犯罪和诈骗中,老年人常常因为对科技和信息缺乏足够了解而被利用。同时,一些老年人因传统观念或缺乏法律意识而主动或被动参与到非法行医、妨害公务等违法活动中,例如,赤脚医生的传统习惯、未经认证的祖传配方等,都是违法行为的潜在风险点。这些现象表明,老年人在现代社会中面临独特的法律风险与社会问题,值得全社会高度重视并采取相应的预防和保护措施。

第三章

行政法规的有关规定与案例

第一节　现行主要行政法规及其保护客体

除前两章所述的重要部门法外,老年人的权益还可以通过一系列行政法规得到有效保护,这些法规不仅涵盖养老、健康保障,还涉及老年人在智能社会中的适应、教育参与和生活环境的改善等方面。通过这些专门制定的法规,国家确保老年人在社会中能够享有尊重、照护和公平的待遇。这些法规和政策为老年人提供了广泛的支持,保障他们的基本生活需求、医疗照护、社会参与及文化生活的丰富性。

《国务院关于推进养老服务体系建设、加强和改进失能老年人照护工作情况的报告》明确了养老服务体系的多元化发展方向,不仅限于养老院服务,还鼓励居家养老、社区养老等多种形式的结合,特别关注失能老年人的护理需求。通过推广家庭养老床位、增设护理床位、推动养老机构与医疗机构合作等措施,提升老年人的生活质量。

《国务院办公厅关于发展银发经济增进老年人福祉的意见》提出通过发展银发经济,满足老年人的多样化需求,如助餐服务、助浴陪护、智能设备研发和老年旅游等。政策鼓励社会力量参与,推动老年人专用产品和服务的发展,旨在改善老年人的生活质量,同时促进经济发展。

《国务院办公厅印发关于切实解决老年人运用智能技术困难实施方案的

通知》,针对老年人在使用智能技术中的困难,政府要求在智能化服务推广的同时保留传统服务方式,方便老年人使用。同时,政策鼓励开发老年人友好的智能设备,并提供上门服务与培训,帮助老年人适应现代生活,减少他们在智能社会中的不便。

《国务院办公厅关于印发老年教育发展规划(2016—2020年)的通知》鼓励老年人参与各种形式的学习,丰富他们的精神生活。通过老年大学、社区教育、远程学习等途径,老年人能够获得健康管理、法律知识等实用技能,提升自我管理能力,并促进他们的身心健康和社会参与。

《国务院关于研究处理老年人权益保障法执法检查报告及审议意见情况的反馈报告》针对《老年人权益保障法》的执行情况,国务院提出了一系列改进措施,以解决政策落实中的问题。报告强调政府部门在老年人养老、医疗保障等方面的责任,并要求加强宣传和工作协调,推动相关政策的有效落实。

《国务院办公厅关于制定和实施老年人照顾服务项目的意见》提出了具体的照护措施,如为失能和贫困老年人提供补贴、推动居家养老服务、改造社区和家庭的适老化设施。该意见还要求公共服务机构如交通和医疗设施为老年人提供便利,切实提升老年人的日常生活质量。

《国务院办公厅转发民政部关于开展国际老年人年活动意见的通知》强调中国积极参与国际老年人年活动,提升国内外对老龄化问题的重视,并通过开展活动弘扬敬老传统美德。这类活动有助于增强社会对老年人问题的意识,推动相关政策的更好落实。

《国务院办公厅转发国家体育运动委员会关于成立中国老年人体育协会的报告的通知》,提出成立中国老年人体育协会,专门组织老年人参与体育锻炼。通过体育活动,老年人不仅能保持健康,还能继续在社会中发挥作用,形成积极向上的老年生活方式。

此外,《“十四五”国家老龄事业发展和养老服务体系规划》标志着我国应对人口老龄化战略进入全面深化的新阶段,彰显了从传统的“生存型需求”

向“发展型需求”转变的政策导向。随着老龄化进程的加速，该规划提出居家、社区、机构养老服务协调发展的医养结合体系，强调将科技创新与养老服务深度融合，推动智能化产品和服务的普及；健全健康支撑体系，通过提供上门巡诊和家庭病床等服务提升老年健康保障能力；优化适老化环境，加强社区建设和老年人数字社会适应能力；以及注重人才培养和法治保障，夯实养老服务的人力与制度基础。该规划体现出，随着时代的发展，针对老年权益保护的行政规章已经从着眼于满足基本生活需求，进一步发展到更重视促进老年人多层次、多样化，适应新技术、紧跟时代潮流的社会参与与发展，科技赋能也被强调运用于推动养老服务升级。

综上所述，大部分行政法规旨在对老年人提供全面关怀。从养老服务、银发经济到老年教育和智能技术，都是为了让老年人生活得更加舒适、便捷。无论是在生活照护、经济支持方面，还是在文化娱乐、社会参与等方面，国家都在努力构建一个更加友好的社会环境，让老年人能够享受高质量的晚年生活。

老年人可以通过了解这些分门别类的行政法规和政策文件，找到自己所参与或有意向从事的领域，并掌握相关规定，以便明确具体的操作方式。当遇到具体问题时，也可以依照这些法规寻求有效的解决方案。例如，在养老服务选择方面，老年人可以参考《国务院关于推进养老服务体系建设、加强和改进失能老年人照护工作情况的报告》，了解居家养老、社区养老等不同养老模式的是否符合政府的最低标准和要求，从而作出符合自身健康状况和经济条件的主张。如果老年人在选择养老机构过程中遭遇服务质量不达标或权益受损的情况，他们可以依据相关政策向主管部门投诉，维护自己的合法权益。再如，如果老年人想参与老年大学或社区教育活动，他们可以依据《国务院办公厅关于印发老年教育发展规划（2016—2020 年）的通知》，了解各类学习项目的合法合规性，并知晓如何通过法律途径反映教育资源不足或课程设置不合理的问题。通过这些法规，老年人不仅能掌握相关政策，还能找到维权途径,以便在实际生活中合理维护自己的权益。

然而,除此之外,值得注意的是,老年人的权益保护不仅依赖于专门的行政法规,同时老年人也可以通过积极参与行政诉讼来维护自己的合法权益。随着《老年人权益保障法》等专门法律的实施,老年人在社会保障、医疗养老等领域得到了有力的法律保护。然而,老年人不仅是权益保护的对象,也是法律参与的重要主体。在某些情况下,老年人通过行政诉讼维护自己的权利,例如,争取养老服务或医疗保障方面的权益;除此之外,一些老年人因缺乏法律意识,在积累已久的习惯中无意触犯了法律法规,从而受到行政处罚。例如,部分老年人在日常打麻将、下棋等休闲活动中,若涉及较大金额的赌注,可能被视为涉赌行为,进而面临法律风险。此外,老年人驾驶改装电动车、三轮车等交通工具时,若违反交通法规,亦有可能受到行政处罚。这类情况不仅涉及老年人的日常生活习惯,还与他们对法律的认知有一定的关系。

接下来,本章的内容将通过具体的案例来展示老年人在行政事务中的不同角色,既有通过行政诉讼主动维护自身合法权益的案例,也有因不知情或疏忽触犯法律而受到行政处罚的实例,探讨如何更好地支持老年人参与行政行为,提升法律意识。

第二节　行政诉讼中的适格原告与适格被告

行政诉讼是老年人在维权过程中不可或缺的一种法律手段,尤其当他们的权益因行政机关或公共服务机构的行为受到侵害时,行政诉讼为老年人提供了直接的救济途径。然而,成功提起行政诉讼的关键在于明确谁是应被起诉的主体,也就是确定适格的被告。如果行政诉讼中的被告选择错误,诉讼程序可能无效,维权之路也会因此受阻。因此,了解行政诉讼的基本规则以及如何正确确定行政主体,对老年人成功维权至关重要。接下来,本章将通过“福州市老龄仁爱服务中心行政诉讼案”阐述在行政诉讼中如何确定适格的行政被告。

福州市老龄仁爱服务中心、福州市恩芳园老年服务中心及其法定代表人陈某立向法院起诉，指控福州市鼓楼区人民政府在陈某立信访过程中未能有效履行职责，导致她受到保安人员的暴力对待，侵犯了她的人身权利。本案的起因是陈某立代表福州市老龄仁爱服务中心下属的恩芳园养老院及全体老人，前往鼓楼区人民政府协调拆迁安置事宜时，与政府部门外聘的保安发生冲突。她指控保安不仅暴力伤害她，还侮辱她的人格，并且认为这些行为应由鼓楼区人民政府承担行政责任。原告方认为鼓楼区人民政府作为该事件的监督方，应对保安人员的行为负责，因此提起行政诉讼，请求法院判令鼓楼区人民政府承担侵权责任。然而，福州市鼓楼区人民政府认为自己并非保安行为的直接委托方，因此，原告未能合理确定适格被告。

本案的核心法律问题在于如何确定适格的行政主体。《行政诉讼法》第49条规定，提起行政诉讼必须具备明确的被告，即行政侵权行为的直接实施者或委托方。在本案中，陈某立指控的是保安人员的暴力行为，而这些保安属于中保华安（福建）保安服务有限公司的雇员。该公司并非由鼓楼区人民政府直接委托，而是接受鼓楼区综治办的指令，为机关大院提供安保服务。法院认定，鼓楼区综治办负责委托安保公司的行为，而综治办并不是鼓楼区人民政府直接成立的机构。因此，鼓楼区人民政府并非保安行为的直接监督者或雇用者，不具备承担本案侵权责任的法律基础。

《行政诉讼法》规定，提起行政诉讼的被告必须是具体行政行为的实施者或相关指挥者。在本案中，保安行为的发生场所为鼓楼区人民政府的办公区域，但保安的实际工作职责是由鼓楼区信访局指挥并负责监督的。因此，法院认为，鼓楼区信访局是该事件中的适格被告，而非鼓楼区人民政府。法院在一审中曾明确告知原告应变更被告，将鼓楼区信访局列为诉讼主体，但原告拒绝了这一建议，继续坚持将鼓楼区人民政府列为被告。基于原告未合理确定被告,法院驳回了其起诉。

除了被告的适格性问题,法院还审查了原告是否具备提起诉讼的资格。根据法律的规定,提起行政诉讼的主体必须与争议行为有直接的利害关系。福州市老龄仁爱服务中心和福州市恩芳园老年服务中心作为养老机构,其法定代表人陈某立参与了相关事务,但该机构本身并非争议行为的直接受害方。法院认定,这两个养老机构与事件本身无直接利害关系,仅陈某立个人为直接涉及方,机构不具备与本案行为相关的法律利害关系,因而不具有作为原告的诉讼主体资格。

本案最重要的法律启示在于如何明确适格的被告。行政诉讼要求起诉方在提起诉讼时,能够正确地认定与争议行为有直接责任关系的主体。在涉及多方委托或职责分工的情况下,确定行为的监督或指挥者尤为重要。在本案中,鼓楼区信访局作为指挥和监督保安工作的单位,是应负责任的主体,而非保安行为发生地点的主管机关鼓楼区人民政府。

此外,本案还揭示了行政诉讼原告主体资格的重要性。法律要求提起诉讼的主体必须与争议行为存在直接的法律利害关系。福州市老龄仁爱服务中心和福州市恩芳园老年服务中心虽然与陈某立有管理上的关联,但并非事件的直接受害方,因此不具备原告资格。这一点在判例中进一步体现了诉讼主体资格的严格性。

对于老年人群体,明确适格被告在维权过程中尤为重要,原因在于老年人经常与公共机构,如为老服务中心、退休中心、社区服务站等有着日常且密切的接触。在这些机构提供医疗、养老、社会福利等服务时,老年人若受到不公平待遇或侵权行为,往往需要通过行政诉讼进行维权。由于老年人对法律程序不熟悉,容易因选择错误的被告而影响案件结果,导致无法有效维护自己的权益。因此,了解如何正确识别责任主体,选定适格被告,能帮助老年人更好地处理与公共机构的纠纷,有效维护自身的合法利益,避免不必要的法律风险。

第三节 延迟退休与退休制度的法律保留

2024年备受热议的延迟退休政策是我国政府应对人口老龄化、劳动年龄人口减少以及社会保障压力增加的关键改革措施之一。该政策的核心是逐步提高法定退休年龄,以确保劳动力市场的可持续发展和养老金体系的稳定。当前,中国法定退休年龄定于20世纪50年代,分别为男性60岁、女干部55岁、女工人50岁。然而,随着预期寿命的延长和老龄化趋势的加剧,劳动力供给的减少以及养老基金的压力促使政府提出延迟退休的改革方案。根据最新规划,延迟退休改革将在2029年前逐步完成,这将把"退休"与"法律"之间可能出现的各种碰撞推向一个新的热度。本节将重点分析延迟退休带来的法律问题多样化,以及退休制度本身的法律保留问题。

首先,随着退休年龄的推迟,企业将面对更多老年劳动力,尤其是经验丰富的员工留岗时间延长,对高技术行业而言,这将大幅减少培训成本。然而,对于体力密集型行业,老年劳动力的健康问题可能提高工伤和病假风险,迫使企业在员工健康管理上投入更多。因此,不同行业将受到"延迟退休"政策的不同影响,需要区别对待。

其次,延迟退休可能推动平台经济的进一步发展,尤其是老年人群体的灵活就业。然而,随着无固定期限劳动合同的普及,老年劳动者与平台企业之间的法律关系将变得复杂。如何平衡劳动者的权益与企业运营成本,将是未来政策和法律需要解决的重要问题。

最后,由于社会保险缴费年限延长,劳动者的养老金账户余额将逐步增加,这对劳动者的退休生活保障是一个利好。然而,对于企业而言,社会保险缴费负担将加重,这可能会促使企业寻找灵活的用工方式,以平衡运营成本与员工福利的矛盾。

“延迟退休”是一项适应人口老龄化的不可逆转的政策，它将对劳动市场、企业管理和社会保障体系产生深远影响。企业和劳动者都需要提前规划和应对，确保在政策变化中保持竞争力和法律合规。在讨论延迟退休时，除了政策对劳动市场和社会保障的直接影响，还需要关注这一政策背后的法律基础，尤其是法律保留原则。延迟退休作为一项涉及社会保障、劳动权利的重大政策调整，必须在法律框架内进行推行和实施。这意味着，像延迟退休这样影响广泛的公共政策，不能仅依赖行政机关的自由裁量，而是必须有明确的法律依据和规范。这正是法律保留原则的核心要求。通过这一原则，国家确保重要的政策变革，如退休制度的调整，能够在法律体系中得到充分的保障和监督。接下来，我们将通过分析“陈某诉江苏某市人力资源和社会保障局案”，进一步探讨退休制度中的法律保留原则及其与行政自由裁量权的平衡问题。

该案是一起典型的行政诉讼案件，争议点集中在退休制度中的法律保留原则及其适用。案件缘起于陈某认为自己应按照管理岗位退休年龄 55 岁退休，而人力资源和社会保障局依据其工人身份，为其办理了 50 岁退休手续。本案是一个检察机关抗诉成功的案件，通过该案，我们可以深入探讨退休制度中法律保留原则的适用问题，尤其是行政机关如何在执行过程中平衡法律保留原则与其自由裁量权。

在法律保留原则的背景下，国家的重要政策和制度必须通过法律进行明确规定，而不能完全由行政机关根据自身判断作出决定。该原则在德国、日本等国的法律体系中占有重要地位。根据法律保留原则，退休制度这一涉及社会保障、个人权利的重要领域，理应受到严格的法律规制。然而，现实情况是，我国的退休制度在立法上留给行政机关较大的裁量空间。具体来说，虽然《宪法》第 44 条明确规定，国家应依照法律实行退休制度，但对法律保留原则的适用却并不完善，这导致了行政机关在具体操作中拥有较大的自主权。

在陈某案中，一审和二审法院都未严格审查人力资源和社会保障局在退休审批过程中是否严格遵守了法律保留原则。法院在判决中依赖了江苏省的地方规范性文件,未对陈某的管理岗位性质作出明确认定,进而支持了行政机关的决定。然而,检察机关的抗诉意见则认为,尽管企业未明确划分岗位,但这不意味着陈某不享有管理岗位退休的权利。行政机关在审批时,应当对职工的岗位性质进行更为详细的实质性审查,而不仅依据形式上的程序。通过该案,我们看到检察机关在监督行政权力运行中的作用。

检察机关不仅指出了法院在审理此类案件时应更加严格遵守法律保留原则,还建议人民法院应对行政机关的自由裁量权进行更为严格的审查。这一建议,促使退休制度中的法律保留原则的适用得到了进一步的规范和完善。本案最终成为最高人民检察院指导性案例,对退休制度中的法律保留原则提出了明确的适用标准。这一案例不仅具有重要的司法参考价值,还对我国退休制度的进一步法治化提出了有力的建议。通过强化对行政机关的监督机制,确保法律在退休制度中的实施能够更加透明、规范,也保障了退休人员的合法权益。

退休制度是涉及社会公共利益和个人权益的重大制度,法律保留原则的适用尤为重要。通过检察机关的抗诉与监督,法律保留原则在退休制度中的重要性得以明确。行政机关在处理退休问题时,必须严格依照法律规定,不能仅依赖于内部规范性文件。同时,法院在审理相关案件时,也应加强对法律保留原则的关注,对行政机关的自由裁量权进行有效的司法审查,以维护退休人员的合法权益。

退休制度涉及数以亿计的老年人的生活保障,如何在法律框架内确保其规范化实施,是亟待解决的问题。检察机关在这一过程中发挥了关键作用,通过法律监督机制,推动法院和行政机关更好地贯彻执行法律保留原则,使退休制度更加公正、合理。这一案例对于完善我国的退休制度及相关法律机制具有重要的现实意义,也为今后的类似情况提供了有力的法律参考。

第四节 公证决定与相关行政行为

在第一章中,我们曾提到,遗嘱公证是老年人确保财产按照个人意愿合法分配的重要途径,有助于减少家庭纠纷和法律风险。特别是对于健康状况不稳定的老年人,公证可以确保其真实意愿得到法律的有效保障。

然而,公证程序中的瑕疵可能直接影响遗嘱的法律效力,并引发后续的行政纠纷。遗嘱的设立,尤其是在老年人健康状况变化或认知能力下降的情况下,往往容易成为法律争议的焦点。特别是在老年人设立遗嘱过程中,公证机构负有审查其真实意愿表达和民事行为能力的职责,然而,公证程序中的任何瑕疵都有可能引发关于遗嘱效力的质疑,从而导致行政机关作出撤销公证的决定,进而引发行政诉讼。这类案件往往涉及公证机构、司法机关及相关行政部门在处理老年人遗嘱问题上的监督和撤销权限。

本节通过分析“黄某富不服金堂县司法局撤销公证决定案”,探讨遗嘱公证中的法律规定与实际操作的矛盾,并探讨公证机构在老年人遗嘱公证中的监督和撤销权问题。本案揭示了在老年人设立遗嘱过程中,如何平衡法律规范、老年人的意愿表达以及公证机构的审查职责。

本案的争议源自一份由黄某富的母亲文某清设立的遗嘱。文某清在四川省金堂县公证处公证了其遗嘱,指定其二儿子黄某富为成都市东城区一处房产的继承人。然而,文某清的孙女黄某对此遗嘱提出异议,认为文某清在立遗嘱时已患有阿尔茨海默病,无法正常表达其真实意思,且相关房产并未析产,文某清无权处置。因此,黄某向金堂县司法局申请撤销该公证。经过调查,金堂县司法局撤销了这份公证。黄某富不服金堂县司法局的撤销决定,提起行政诉讼,要求法院撤销司法局的决定。黄某富认为,司法局在认定其母亲不具有完全民事行为能力时,证据不足且没有资格作出该认定。最终，金堂县人民法院支持了黄某富的诉求，撤销了司法局的撤销决定。

本案的核心法律争议在于两个方面。第一，文某清是否具有完全民事行为能力。黄某声称文某清在立遗嘱时已患有阿尔茨海默病，无法清楚表达意愿，因此遗嘱无效。然而，《民法通则》（已失效）明确规定，只有法院有权宣告公民是否具有完全民事行为能力。因此，金堂县司法局是否有权在未经过法院裁定的情况下，认定文某清不具备民事行为能力，成为案件的关键。

第二，公证程序的瑕疵问题。金堂县司法局在其撤销决定中指出，公证员在代书遗嘱的过程中，仅通过文某清的点头或摆头来确认遗嘱内容，无法充分证明其真实意思表示。这一操作是否符合《公证程序规则》及其他相关法律规定，成为另一法律争议点。

金堂县人民法院在审理此案时，首先明确了公证机构和司法局的权责范围。根据《民法通则》（现被《民法典》取代）的相关规定，法院认为，只有法院具有宣告公民是否具有完全民事行为能力的权利。因此，金堂县司法局在未经法院裁定的情况下，仅凭证人证言认定文某清不具备完全民事行为能力，缺乏法律依据。其次，法院指出，金堂县司法局在撤销公证时，未能提供充分的证据证明文某清在立遗嘱时确实不具备完全的民事行为能力。法院认为，司法局所依赖的医生证言和见证人的陈述，缺乏足够的法律效力，无法作为认定文某清民事行为能力的决定性证据。特别是见证人郭某明在陈述中的前后矛盾，进一步削弱了其证词的可信度。法院最终判决撤销金堂县司法局的撤销决定，认为司法局在作出决定时，证据不足，程序不当。此外，法院还强调，公证员在遗嘱公证中代书的行为虽有瑕疵，但不足以构成撤销公证的合法依据。

综上可知，老年人在设立遗嘱时，由于健康状况的变化，容易受到认知能力问题的质疑，进而引发法律纠纷。本案启示我们明确以下几点。

1. 公证机构的审查责任。在遗嘱公证过程中，公证员负有审查遗嘱人是否具备完全民事行为能力的责任。在本案中，金堂县公证处在代书遗嘱时，未能通过充分的方式确认文某清的真实意思表示，导致了后续的法律纠纷。因此，公证机构应进一步加强对遗嘱人能力的审查，特别是在涉及老年人时，可能需要通过更为专业的医疗鉴定，以确保遗嘱内容的合法性与有效性。

2. 法律程序的规范性。公民是否具备完全民事行为能力的认定，是一项严肃的法律问题，涉及个人的财产权益与自主权利。在本案中，金堂县司法局未经法院裁定，擅自认定文某清不具备民事行为能力，显然超越了其职权范围。这提醒我们，行政机关在处理类似案件时，必须严格遵循法律程序，避免因程序错误导致不必要的纠纷。相应地，利益相关人也可以据此对行政机构的行为、判断进行监督，在必要时，可参照本案中黄某富的行为通过行政诉讼保护自己的权益。

3. 对老年人意愿的尊重。本案的另一个重要启示是，老年人在立遗嘱时的真实意思表示应受到充分尊重。在没有确凿证据证明遗嘱人不具备民事行为能力的情况下，公证机关和司法机关不应轻易撤销其遗嘱。老年人的意愿表达，是其人格权的重要组成部分，应受到法律的最大保护。

第五节　涉老产品的行政监管

老年人在日常生活中常常依赖各种特定的产品和服务，如食品、保健品、日用品和医疗器械。然而，市场上一些不良商家为了追求利润，往往利用老年人的特殊需求，通过夸大宣传、虚假广告或提供不合格产品等手段，误导老年消费者。这些行为不仅损害了老年人的经济利益，更可能对其健康和安全构成威胁。因此，行政监管在老年产品领域显得尤为重要。本节将通过分析典型案例，介绍食品药品广告、不合格产品等领域的行政监管问题，帮助老年人了解如何通过法律保护自己的合法权益，并有效应对消费中的常见风险。

一、食品药品广告

在食品药品领域尤为常见的是，企业利用老年人的健康焦虑，通过夸大宣传产品功能甚至虚假广告误导消费。这种现象不仅扰乱市场秩序，还严重损害了消费者，尤其是老年人的合法权益。为此，食品、药品及其广告的行政监管显得尤为重要。下面引用"上海康珏贸易有限公司因虚假广告受到行政处罚案"，简要介绍行政规章如何约束以老年群体为主要受众的食品药品夸大宣传。

上海康珏贸易有限公司因虚假广告受到行政处罚案

2024年4月，上海市嘉定区市场监督管理局接到举报，称上海扆珏贸易有限公司在未取得相关许可的情况下，夸大宣传食品和医疗器械的保健功能，误导消费者，特别是老年人。执法人员通过现场检查发现，该公司在经营场所内未公示必要的服务信息，使用医疗器械提供健康体验服务时缺少警示标志。此外，该公司通过微信群向老年人推销普通食品"红枸杞原浆"，并声称其具有保健和疾病治疗功能，如"抗三高""抗脂肪肝"等。

经过调查，市场监督管理局确认该公司在广告中发布了虚假和误导性内容，违反了《广告法》《食品安全法实施条例》《上海市消费者权益保护条例》等相关法律法规。最终，市场监督管理局责令该公司改正违法行为，并处以罚款。

本案提示我们注意：

1. 食品及广告宣传的法律界限。根据《广告法》第9条第11项的规定，广告中不得出现虚假、误导性内容，尤其是食品广告不得涉及疾病治疗功能。同时，《食品安全法实施条例》第38条明确规定，普通食品不得宣称保健功能。在本案中，上海康珏贸易有限公司通过微信群发布了"红枸杞原浆"的广告,夸大其保健功效,甚至声称其可以"抗三高""抗脂肪肝"等。这一行为违反了广告法关于食品宣传不得涉及疾病治疗的规定,误导消费者,特别是老年人,认为普通食品可以替代药品进行治疗。

2. 老年群体的特殊保护。根据《上海市消费者权益保护条例》的规定,老年人作为特殊消费群体,特别需要市场监管部门的保护。商家在向老年人销售商品时,必须明确提供相关服务信息,包括可能的风险和注意事项。然而,上海康珏贸易有限公司在为老年人提供健康体验服务时,未在醒目位置公示使用多功能治疗仪的警示信息,这种行为违反了消费者权益保护的相关规定,侵害了老年消费者的知情权。老年人由于健康知识匮乏且对保健品及其功能的辨别能力较弱,容易成为虚假宣传的受害者。市场监管部门对此类行为进行严格监管,不仅是为了维护市场秩序,更是为了保护老年群体的身体健康和合法权益。

3. 行政处罚的合法性与合理性。根据《行政处罚法》第 29 条的规定,针对同一个违法行为,市场监督管理局选择了《广告法》作为处罚依据,因其罚款数额较高,体现了对企业违法行为的严肃处理。最终,考虑上海康珏贸易有限公司主动配合调查并在案发后及时整改,依据《行政处罚法》第 32 条第 1 项,市场监督管理局从轻处罚,采取了较低的罚款数额。这一处理方式不仅体现了法律的严谨性和公平性,还给予企业自我纠正的空间。这种灵活的行政执法手段,能够有效规范市场秩序,同时引导企业遵守法律法规,减少违法行为的再次发生。

通过对上海康珏贸易有限公司的行政处罚,本案彰显了食品、药品及其广告的行政监管在保护消费者、特别是老年人权益中的重要性。市场监管部门应当继续加强对食品和医疗器械广告的监管,防止虚假宣传误导消费者。与此同时,企业也应当提高自律意识,严格遵守《广告法》和《食品安全法》的规定,确保产品宣传的真实合法性。只有在严格的法律监管和企业自我约束的共同作用下,市场才能真正健康发展,消费者的合法权益才能得到切实保护。

二、不合格产品监管

老年群体因其身体状况特殊，对产品有着更高的安全和舒适需求，因此，涉老产品特别容易出现不合格产品问题。由于老年人对产品质量的依赖性较强，市场上不符合标准的老年用品不仅容易影响他们的生活质量，还可能直接危及其健康和安全。因此，保障涉老产品的质量，尤其是在鞋类、食品等与老年人日常生活息息相关的领域，具有极为重要的意义。本节以"上海舒悦人生贸易有限公司生产不合格老年鞋行政处罚案"为例，分析老年产品安全监管的重要性及其对企业和消费者的影响。

上海舒悦人生贸易有限公司生产不合格老年鞋行政处罚案

上海舒悦人生贸易有限公司所生产的"舒悦"品牌老年鞋在市场抽查中被发现外底耐磨性能不符合国家标准，属于以不合格产品冒充合格产品的违法行为。市场监督部门依据《产品质量法》对其进行罚款5万元，没收违法所得2.5万元，并责令召回不合格产品，停止销售。企业在案件处理中未对检测结果提出异议，并自愿进行了整改。

在本案中，上海舒悦人生贸易有限公司作为"舒悦"老年鞋的生产商，未能严格控制产品质量，导致外底耐磨性能不达标。虽然这一缺陷看似不直接危害健康，乃至无关禁言，但因为其是针对老年群体生产并以老年群体为主要消费目标进行宣传的日用品，对老年人日常行走的舒适度和安全性有重大影响。外底耐磨性能不佳，容易导致老年人在行走时出现打滑或摔倒的风险，严重时可能危及生命安全。因此，企业对于老年产品质量的松懈不仅损害了消费者信任，也给其品牌声誉造成负面影响。

本案反映了市场定期抽查等例行监管模式对老年产品质量控制的重要性。涉老产品的质量直接关系老年人的安全和生活质量，尤其是老年人对产品的依赖程度较高,任何质量问题都会对其生活产生不利影响。市场监督部门通过定期抽检及时发现问题,并对不合格产品进行处罚和处理,起到了预防作用,从而有效防止更多不合格产品流入市场,保障了消费者的合法权益。

依据《产品质量法》的规定,生产或销售不合格产品属于严重违法行为,市场监管部门有权对其进行包括罚款、没收违法所得和责令召回产品等处罚措施。

上述几个案件也给老年消费者提出了一些重要的建议。老年群体可以了解并妥善利用《产品质量法》等相关法律,保障自身的合法权益。如果在日常生活中发现所购买的日用品、食品、保健品或老年人用品(如鞋子、拐杖等)存在质量问题,应积极向市场监督部门举报,并保留购买凭证,以便维权。此外,老年人还可以通过法律途径,要求生产商或销售商召回不合格产品,避免使用这些可能危及健康和安全的物品。通过合理运用法律手段,老年人不仅能有效维护自己的权益,还能推动市场中涉老产品的质量提升,保障自身及他人的消费安全。

第六节　老年人在房屋拆迁中的特殊保护

随着城市化进程的加速,城市房屋拆迁成为众多城市在发展中不可避免的问题。然而,在这个过程中,通常涉及老年人、残疾人等特殊群体的权益保护。由于这些群体在体力、健康状况等方面的限制,他们在房屋拆迁中面临的困难远超普通群体,因此,法律应在保护公共利益的同时,特别关注特殊群体的利益。

在“高某荣不服溧阳市建设局城市房屋拆迁行政裁决案”中,涉及年事已高、身患疾病的老年人在房屋拆迁安置过程中被安置在多层住宅楼的五楼的不合理安排。这一安排引发了关于特殊群体权益保障的法律争议。通过对该案的分析,本节探讨了行政裁决在特殊群体利益保护中的合法性与合理性问题。

高某荣不服溧阳市建设局城市房屋拆迁行政裁决案

因城市改造的需要,原告高某荣位于溧阳市的房屋被纳入拆迁范围。溧阳市土地收购储备中心作为拆迁人,向高某荣提供了产权调换安置方案,安排其入住溧阳市龙阳山庄一栋多层住宅楼的五楼,同时给予一定的货币补偿。然而,高某荣年逾八旬,且患有多种疾病,认为居住在五楼严重不便,无法满足其日常生活需求,遂对溧阳市建设局作出的房屋拆迁行政裁决不服,向法院提起行政诉讼。高某荣认为,溧阳市建设局在制定拆迁安置方案时未考虑其老年人的特殊情况,违反了《老年人权益保障法》的相关规定,要求撤销该行政裁决。溧阳市建设局则辩称,拆迁安置方案符合国家的相关法律法规,且房屋质量安全合格,要求驳回高某荣的诉讼请求。

本案的法律争议点主要集中在以下几个方面。(1)安置方案的合法性问题。高某荣提出,溧阳市建设局在安置房屋时未考虑其年老体弱的特殊情况,尤其是将其安置在多层住宅楼的五楼,违反了《老年人权益保障法》中关于老年人住房应符合其特殊需求的规定。因此,该安置方案是否符合法律的规定成为案件的核心争议。(2)拆迁裁决的程序合法性。溧阳市建设局作为城市房屋拆迁的主管部门,在裁决过程中是否依法履行了告知、调解等程序,特别是在安置方案的选择过程中,是否给予了原告充分的参与机会和意见表达的权利,也是该案审理中的一个重要问题。(3)合理性与合法性的区分。在行政诉讼中,法院通常只对行政行为的合法性进行审查,而不对行政行为的合理性进行判断。本案涉及对老年人这一特殊群体的权益保护,法院是否应当超越单纯的合法性审查,兼顾行政行为的合理性,成为一个重要的法律问题。

江苏省溧阳市人民法院在审理本案时,着重考察了溧阳市建设局在制定拆迁安置方案中的合法性与合理性问题。法院认定,虽然溧阳市建设局的拆迁安置方案在形式上符合《城市房屋拆迁管理条例》(已废止)的规定,具有一定的合法性,但该方案并未充分考虑高某荣的实际情况,尤其是作为一名82岁的老年人,其行动不便,安置在多层住宅楼的五楼将严重影响其日常生活质量。

法院援引了《老年人权益保障法》的相关条款,指出在进行城市房屋拆迁时,安置方案应当考虑老年人的特殊需求。《老年人权益保障法》第32条明确规定,新建或者改造城镇公共设施、居民区和住宅时,应当考虑老年人的生活便利与安全。在本案中,溧阳市建设局在安置方案中没有配备电梯,且将原告安置在五楼,显然与这一规定相悖。此外,法院还考虑了高某荣的健康状况和生活实际需求,认为安置在多层无电梯住宅楼的五楼将给其日常生活带来极大的不便。法院认为,溧阳市建设局在裁决时未能适当考虑特殊群体的利益,导致行政裁决结果不符合法律对老年人特殊保护的要求,因此应予撤销。

本案揭示了在城市房屋拆迁过程中,如何通过行政法保障特殊群体(尤其是老年人)的合法权益。以下是本案的几点启示。

首先,老年人权益保障的特别规定适用。《老年人权益保障法》及其相关配套规定明确要求,在城市房屋拆迁和安置过程中,必须考虑老年人的特殊需求。在本案中,溧阳市建设局虽然依照《城市房屋拆迁管理条例》(已失效)作出拆迁安置裁决,但在执行过程中未能遵循《老年人权益保障法》中的特殊保护规定,导致安置方案未能满足老年人的实际需求。因此,法院在判决中明确了该特别法的优先适用性,突出了老年人权益保护的重要性。

其次,合理性与合法性的综合考量。通常情况下,行政诉讼只对行政行为的合法性进行审查,而不涉及合理性。然而,在涉及老年人等特殊群体的案件中，行政机关的裁决不仅要符合形式上的法律要求，还要考虑实际生活中的合理性。在本案中，法院突破了传统的合法性审查框架，认为在老年人权益保障问题上，合理性与合法性应结合考虑，从而作出了撤销行政裁决的判决。

最后，特殊群体的诉讼权利保障。本案还涉及老年人在房屋拆迁中的诉讼权利保障问题。由于高某荣年事已高且患有疾病，其在房屋拆迁谈判和行政裁决过程中，可能未能充分表达自己的需求与意见。法院在审理过程中，充分考虑了这一实际情况，确保老年人的诉讼权利得到了应有的保障。这一做法对于其他类似案件的处理具有重要的示范意义。

本案通过对城市房屋拆迁中涉及特殊群体的利益保护问题进行了深入探讨，揭示了在行政法的适用中，如何通过法律保障老年人等特殊群体的权益。从老年人的角度，老年人可以依据《老年人权益保障法》等相关法律，要求特殊法规特殊适用，主张行政机关在与之切身相关的行政方案中依法充分考虑其实际生活需求，同时，老年人在面对不合理的行政决议时，可以通过行政诉讼等法律途径维护自身权益，并在诉讼过程中积极表达自身需求，以确保法律对特殊群体的保护得以实现。

第七节　老年人日常生活中的行政违法风险

虽然我们前面提到了行政诉讼这一维权手段，但在实际生活中，老年人“民告官”的情况并不特别常见。相比较而言，老年人日常生活中最常遇到的行政问题，往往与行政处罚有关。例如，骑改装电动车、人力车出行，或者在春节期间打牌聚会等，这些看似平常的活动，有时可能触碰行政管理的红线。下文将深入探讨老年人在哪些情况下可能面临行政处罚，面对这些情况时需要注意什么，哪些执法行为可能存在矫枉过正的现象，以及如何保护自己的合法权益。

一、人力车和改装车

在马路上,我们能看到越来越多的"老头乐"在从事人力车服务。随着年龄增长,很多老年人面临公共交通难以适应、机动车驾驶能力下降以及传统非机动车无法提供遮风挡雨等基本保障的困境。为了在日常生活中获得更大的出行便利,越来越多的老年人选择使用人力三轮车、电动三轮车等交通工具。这些车辆不仅操作简便,而且价格相对低廉,因而成为老年人首选的代步工具。然而,老年人使用这些改装车或人力车普及,随之而来的法律冲突也日益突出。根据我国《道路交通安全法》及相关法规,某些人力三轮车或电动三轮车被认定为机动车,需要按照机动车的管理规定进行登记、悬挂号牌,甚至需要符合特定的安全技术标准。这使原本仅为便利日常出行的老年人,面临行政处罚的风险。近年来,因未悬挂号牌或未遵循相关交通法规而被处以罚款或车辆扣押的案例屡见不鲜,导致老年人群体陷入法律困境。

如何在保障交通安全与维护老年人基本出行需求之间取得平衡,是现行法律面临的一大挑战。本节将通过对两起涉及老年人使用人力三轮车和电动三轮车的行政诉讼案件的分析,探讨行政法在这一领域的适用。本节重点关注的是,行政机关在执法过程中如何平衡公共利益和老年人的合法需求,避免过度处罚或侵害老年人的基本权益,同时为未来的政策调整提供参考。

本节将通过对两起典型的行政诉讼案件进行深入分析,探讨行政法在老年人日常生活中,特别是与道路交通管理和经营许可相关的领域中的适用。重点关注行政机关的权力行使及其对老年人的影响,归纳出在老年生活中如何通过行政法保障权利。

案例一:王某与潞河大队道路行政强制纠纷案

本案支持了交通管理部门对未悬挂号牌的电动三轮车采取扣留行政强制措施。2011 年 4 月,北京市公安局通州交通支队潞河大队民警在道路执勤时发现王某驾驶的电动三轮车未悬挂号牌，遂对其车辆采取扣留措施，并出具相关强制措施凭证。王某认为其电动车不应被认定为机动车，因为该车的设计标准和时速并不符合国家机动车标准，故请求法院确认潞河大队的扣留行为违法。

本案的争议焦点在于，涉案电动三轮车是否应被认定为机动车。第一种观点认为，根据《道路交通安全法》和相关国家标准，电动三轮车符合机动车的定义，属于摩托车或轻便摩托车，应悬挂号牌。第二种观点则认为，电动三轮车的标准尚无明确界定，若将所有动力驱动车辆都认定为机动车，许多老年人使用的电动三轮车也将受到限制，可能不符合实际情况。

法院在判决中认定，涉案电动三轮车属于《道路交通安全法》规定的机动车范围，潞河大队的扣留措施符合法律规定。法院的判决依据了国家对机动车的定义和安全技术标准，认为该电动车的设计时速超过了非机动车的标准，因此应归入机动车管理。在审理过程中，法院关注的是交通安全问题，而不是电动车的使用者身份。对于老年人驾驶电动三轮车是否需要悬挂号牌的问题，法院未予深入探讨，但其判决为今后老年人驾驶电动车的管理提供了参考。

此类行政纠纷对老年人影响深远。随着老年群体中使用电动三轮车的人数增多，如何保障老年人在使用此类交通工具时的安全性与合法性，成为行政法需要解决的现实问题。电动三轮车在老年群体中使用广泛，行政机关在执行法律时，应该更多地考虑老年人的实际需要，并在政策执行上作出相应调整，以便在保障交通安全的同时，不对老年人的生活便利造成过大影响。

案例二：张某文等诉四川省简阳市人民政府侵犯客运人力三轮车经营权案

1996 年，四川省简阳市人民政府对当地人力客运三轮车经营者收取了有偿使用费，并许可其在规定期限内运营。然而，1999 年市政府发布公告要求经营者重新登记并交纳新的使用费，这引发了经营者的不满，认为政府的行为侵犯了他们的经营权，遂提起行政诉讼。

本案的争议焦点在于，简阳市人民政府在最初许可经营者使用人力三轮车运营时，未告知许可的具体期限，而在许可期满后，又以重新登记和收费的形式继续控制经营者的经营权，这种行为引发了经营者的质疑。最高人民法院认为，行政机关在作出行政许可时未告知期限，属于程序违法，确认政府行为违法，且行政相对人有权知晓行政许可的期限。在本案中，简阳市人民政府未明确告知许可期限，导致行政许可行为缺乏合法性。

然而，法院出于对公共利益和行政秩序的考虑，未撤销政府的行为，而是确认其违法。法院称，这种"情况判决"不仅考虑了老年车主的权益，还平衡了社会公共利益。

此案揭示了行政行为对老年人生活的严重影响，特别是在涉及老年人经济权益时的应用。简阳市的老年人力车经营者多为经济收入较低群体，他们的权益在行政许可过程中未能得到充分保障。通过本案的判决，法院明确了行政机关在涉及老年群体的管理行为时，应遵循合法性和正当程序原则，并保障行政相对人的知情权和选择权，但是，并未撤销政府的行为，也导致这群人力车经营者，需要在政府行为失当的情况下重新缴费来谋生。

通过对上述两起案件的分析，可以看到行政法在老年人生活中的广泛应用。无论是在交通工具管理中，还是在经营许可的颁发与执行过程中，老年群体都面临复杂的法律问题。行政法在维护社会秩序和公共利益的同时，也需要被合理解读、合理适用，以兼顾老年人的特殊需求，保障其合法权益不受侵害。

在"王某案"中，行政机关严格执行了道路交通安全法，但该法对老年人驾驶电动三轮车的管理规定较为严格，可能会给老年人的出行带来不便。因此，未来应考虑在交通法规中引入更灵活的管理模式，特别是针对老年人使用的低速电动车，进行更具人性化的管理，以平衡安全与便利。而“张某文案”则突出了行政许可中的程序问题。老年人作为行政相对人，往往处于信息不对称的弱势地位，容易在行政许可过程中受到不公正对待。

同上所述，行政机关在行使自由裁量权时，往往面临如何平衡公共利益与老年人个人权益的问题。虽然维护社会公共利益是行政机关的职责，但在实际操作中，尤其是面对老年人这一特殊群体时，如何操作才能够更加注重和考虑老年人的基本生活需求，如何适当调整行政裁量标准，使行政行为更加符合老年人的实际情况？这仍然是一个值得深思的问题。

二、棋牌活动

棋牌室是老年人经常活动的重要场所之一。在这里，老年人通过搓麻将、打牌等形式，获得了娱乐、社交和智力锻炼的机会。特别是在逢年过节的闲暇时间，棋牌室成为他们休闲的理想去处。这些活动不仅能增加老年人的生活乐趣，还能帮助他们保持思维活跃，预防阿尔茨海默病等健康问题。然而，近年来，每逢节假日或聚会时，一些老年人在棋牌室因涉及带有少量彩头的麻将或纸牌游戏，被公安机关查处并受到行政处罚，甚至有时面临拘留的情况。这种现象在一些地区频繁发生，引发了社会的广泛关注和讨论。

根据我国现行法律，特别是《治安管理处罚法》第 70 条的规定，以营利为目的，组织或参与赌博，或者赌资较大的行为，都可能被处以拘留或罚款的行政处罚。该条文对赌博行为的界定和处罚依据，成为公安机关处理此类事件的法律依据。然而，法律在维护社会秩序的同时，也必须兼顾实际情况，尤其是面对老年群体的娱乐活动时，需要体现更多的人性化和灵活性。正如最高人民法院、最高人民检察院《关于办理赌博刑事案件具体应用法律若干问题的解释》中提到的，不以营利为目的、带有少量财物输赢的娱乐活动，应与真正的赌博行为区别对待，避免过度处罚。老年人在棋牌室进行的带有小额彩头的娱乐活动是否应被定性为赌博，如何在合法执法和保障老年人日常生活之间找到平衡,成为当前法律适用中的一大难题。本节将通过对“李某成等与广东省广州市公安局黄埔区分局治安处罚纠纷案”的分析,探讨如何合理界定亲友之间的娱乐性赌博行为,并引出对老年人日常生活和法律实践的思考。

李某成等与广东省广州市公安局黄埔区分局治安处罚纠纷案

——5 元一注打麻将不属于“赌资较大”

本案发生于2008年,原告李某成和黄某锋等人在广州市黄埔区的士多店内打麻将,采用5元一注的规则。公安机关接到群众举报后,对他们实施了查处,现场搜查并扣押了几百元的赌资。

广州市公安局黄埔区分局依据《治安管理处罚法》第70条,对李某成和黄某锋处以拘留5日的行政处罚。李某成等不服该决定,向法院提起行政诉讼,请求撤销处罚决定并赔偿相关损失。

一审法院认为,李某成等人的行为符合赌博的构成要件,并认定其行为具备“赌资较大”的特征,干扰了公共秩序,支持了公安机关的处罚决定。法院依据《治安管理处罚法》判定,被告公安机关的执法行为合法合理,判决维持拘留处罚。李某成等人不服一审判决,提起上诉,主张他们的行为仅为娱乐性质,赌资较小,不构成违法行为。广州市中级人民法院在二审中进行了详细审理,最终判定,虽然李某成等人的麻将行为具有赌博的特征,但赌资数额并未达到“较大”标准。

法院认为,鉴于其行为的娱乐性较强、情节轻微,处罚不符合《治安管理处罚法》第70条的规定。二审法院撤销了一审判决及相关处罚决定,并要求公安机关支付违法拘留的赔偿金。

本案从几个核心法律问题展开分析,包括赌博的构成要件、赌资较大的认定标准,以及行政处罚的合理性和合法性。

1. 赌博行为的认定。根据《治安管理处罚法》第 70 条的规定，赌博行为的构成需要满足以下三个要件：客观上存在赌博行为，即通过偶然性决定输赢，并以此获得财物；主观上具有营利目的，即行为人通过赌博行为获取财物或财产利益；以及赌资达到较大数额，或情节严重。在本案中，李某成等人以麻将形式进行金钱输赢，涉及 5 元一注的规则，客观上存在赌博行为。但问题的关键在于，其是否具有营利目的及赌资是否较大。

2. 亲友之间娱乐性质的赌博。上诉人认为，他们的麻将活动具有娱乐性，参与者为老乡、朋友，目的并非营利，而是社交娱乐。这类活动在中国具有广泛的群众基础，尤其是老年群体常将打麻将作为日常消遣。事实上，在广东等地，带有小额彩头的麻将被视为一种日常娱乐，具有社交和文化属性。然而，法律层面对娱乐性赌博行为与营利性赌博行为的区分并不明确。最高人民法院、最高人民检察院曾在《关于办理赌博刑事案件具体应用法律若干问题的解释》中指出，不以营利为目的，进行带有少量财物输赢的娱乐活动，不应以赌博论处。这一规定为亲友之间的小额娱乐活动留有法律空间。结合本案，二审法院认定李某成等人的活动具有一定的娱乐性，赌资规模较小，且并未形成固定的赌博场所，因此不应认定为严重的赌博行为。

3. 赌资较大的认定标准。“赌资较大”是《治安管理处罚法》处罚的关键要件之一。法律未明确规定“较大”赌资的具体数额，而是由各地公安机关根据实际情况进行判断。在本案中，李某成等人打麻将的总赌资仅为几百元，远低于其他赌博案件中动辄上千元、上万元的赌资数额。二审法院结合广州市的经济状况、人均收入水平等，认定这类赌资不符合“较大”的标准。值得注意的是，“赌资较大”的认定标准具有一定的弹性。法院在解释时往往会结合当地的经济发展水平、案件情节、参与者身份等综合考虑。对于经济发达地区的小额赌资，如果没有对公共秩序造成严重影响，通常不会被认定为“赌资较大”。这一标准在实践中有很大的弹性和主观性，导致执法情况不一。

4. 行政处罚的合法性与比例原则。本案还涉及行政处罚的比例性问题，即处罚的轻重是否与违法行为相称。在认定行为构成赌博的前提下,处罚的种类和力度成为争议焦点。在一审中,法院认定李某成等人应被处以5日拘留的处罚,而二审法院认为,这种处罚不符合比例原则。李某成等人仅是偶尔进行的小额娱乐活动,虽然属于赌博行为,但情节轻微,社会危害性低,不应受到拘留的最严厉处罚。二审法院在裁决中依据"教育为主,惩戒为辅"的执法理念,判决公安机关对李某成等人的拘留行为违法,要求其支付赔偿金。

5. 对老年生活的影响。麻将是中国老年人群体中的常见娱乐形式,带有小额赌资的麻将活动广泛存在。此类案件的审理,对老年人日常娱乐活动的合法性具有现实指导意义。首先,法治需要合理宽容,法律需要在严惩营利性赌博和允许娱乐性活动之间找到平衡点。对老年人通过麻将等形式进行的小额彩头娱乐活动,法律应保持适度宽容,避免因法律适用不当干扰老年人的正常生活。其次,执法应具有人性化,公安机关在处理此类案件时,应结合实际情况进行裁量,避免"一刀切"的处罚方式。在本案中,公安机关直接采用拘留措施,导致上诉人产生不必要的经济损失和精神压力。这里提醒执法者,应更多地通过教育、警告等方式解决轻微违法问题,特别是在涉及老年人群体时。

本案揭示了一个重要的现实问题:亲友之间的娱乐性赌博活动与非法赌博之间的界限如何划定?赌博法制中的赌资标准是否需要更加明确?在本案中,法院在认定李某成等人的麻将行为属于赌博的同时,基于赌资较小、娱乐性质较强的事实,判决撤销拘留处罚。这表明执法应当遵循比例原则和灵活性,对不同性质的赌博行为采取不同的处罚方式。对于老年人群体,麻将等娱乐形式早已融入其日常生活,法律在保护公共秩序的同时,也应尊重老年人的生活习惯和娱乐需求。在法律框架内,公安机关和司法机关应谨慎处理此类案件,通过合理的执法行为维护社会稳定,避免因执法过当而影响老年人的生活质量。

第四章

银发经济背景下的法律服务诉求

随着银发经济蓬勃发展,老年群体的需求逐渐多样化,法律服务成为满足这一需求的重要保障。无论是养老医疗机构的运营风险、“夕阳红”旅行团的安全与合规问题,还是老年个体在财产规划、医疗权益、消费保护等方面的法律需求,老年人所面临的法律问题正在变得愈加复杂。本章将探讨在银发经济背景下,养老机构和旅游等行业面临的法律风险,以及老年个体对私人法律服务的需求,帮助老年人和相关服务提供者更好地应对法律挑战,确保权益得到有效保护。

第一节　医养机构及其法律服务诉求

一、医养机构涉及的违规行为

(一)养老机构涉及的法律风险

养老机构的日常运营涉及多方面的法律风险,尤其是在服务质量、合同履行、医疗服务及护理责任等方面。这些法律风险不仅影响机构的合法合规运营,也关系老年人的生命健康和权益保护。以下案例揭示了养老机构在实际运营中容易面临的违规行为及其法律后果,同时说明为什么养老机构需要法律顾问等专业服务来帮助其识别和预防风险。

第一,养老机构频繁变更服务地点将引发合同纠纷。在“向某某诉某养老公司的服务合同纠纷案”中,养老机构因多次变更服务地点,导致老年人不便,法院判决老年人有权解除合同并要求退还未消费的费用。这表明,养老机构在合同履行过程中应保持稳定性,避免因服务地点变动引发的合同纠纷。

第二,养老机构需要对未进行适老化改造导致的安全事故承担责任。在“马某某诉某养老中心经营场所、公共场所的经营者、管理者责任纠纷案”中,因为养老机构未对场所进行适老化改造,导致马某某在养老中心摔伤,法院判决养老中心承担60%的赔偿责任。此案提醒养老机构必须确保设施符合老年人的安全需求,特别是进行适老化改造以避免类似安全事故。

第三,养老机构违规使用名称和超范围诊疗活动也会导致风险。法律规定,养老机构内设的医疗机构应当严格遵守命名和诊疗范围的法律规定。违规使用未经核准的医疗机构名称或超范围提供诊疗服务,不仅可能引发法律处罚,还会损害养老机构的信誉。

第四,养老机构的医师必须具备合法资质,且其诊疗行为需在注册范围内进行。无资质的医疗服务是严重的法律违规行为,养老机构应确保所有提供医疗服务的人员和机构均具备合法资质,并严格按照法律规定进行操作。

第五,护理不当引发老年人的生理、心理问题也会使养老机构面临严重的损失。在“肖某敏案”中,养老中心在护理肖某敏期间未能及时关注老年人健康变化,虽然没有直接导致其死亡,且肖某敏在本案事发时已是80岁的老年人,身体机能及恢复能力业已退化,根据常理属于较容易感染疾病且病愈能力较差的状态,但法院认定护理瑕疵对其病情恶化有一定影响,判决养老中心承担部分赔偿责任。

上述案例表明,养老机构在运营中面临复杂的法律风险,稍有疏忽便可能导致法律纠纷或经济损失。因此,养老机构需要专业的法律顾问帮助其识别并预防这些法律风险。

（二）医疗机构涉及的法律风险

与养老机构类似，医疗机构在日常运营中也面临多种法律风险，尤其是在病历记录、知情同意权的保障以及健康服务合同履行等方面。以下几类常见风险在医疗纠纷中尤为突出。

1. 病历记载不详引发的法律纠纷

病历是医疗过程中至关重要的记录，既是对病情和治疗过程的追溯，也是发生纠纷时的重要法律证据。如果病历记录不详或不准确，可能导致患者和家属难以明确判断医院的责任，甚至引发法律纠纷。医疗机构有举证责任，必须证明其医疗行为和患者的损害结果之间没有因果关系。但在许多案件中，因病历记录不完整，医院未能有效证明其操作符合规范，导致法院判定其承担更大责任。例如，在“夏某某麻醉事故案”中，医院的麻醉记录不详细，无法证实操作是否规范，最终导致其承担80%的责任。这说明，病历记录的完整性不仅是医疗标准的要求，也直接关系法律纠纷中的判决结果。

2. 未尽告知义务导致的知情同意权侵害

知情同意权是患者的基本权利，医疗机构在实施手术或进行特殊治疗时必须告知患者或其家属风险、替代方案及可能的后果。如果未尽到告知义务，侵犯患者的知情同意权，医疗机构将承担侵权责任。例如，在某医院未事先告知患者手术方式改变的案例中，尽管手术本身符合医疗规范，但由于缺乏与患者家属的充分沟通，医院被判侵权。这表明，医疗机构在实施高风险手术或作出重大治疗决策时，必须确保与患者及其家属的充分沟通，否则将可能面临法律后果。

3. 健康服务合同履行不当导致违约纠纷

医疗机构和患者之间的服务合同必须严格按照约定内容履行。未能按照合同履行看护或治疗义务，尤其是针对高龄患者的护理不当，可能造成合同违约。例如，在某养老院未能按规范为患有阿尔茨海默病的老年人提供适当护理，导致老年人因喂食不当而窒息死亡的案例中，法院判定养老院未履行看护义务，承担60%的赔偿责任。此类健康服务合同纠纷提醒医疗机构，特别是养老院等机构，必须尽到合同中的看护责任，并严格落实护理规范。

4. 无资质人员提供医疗服务的风险

医疗机构内提供的所有医疗服务必须由具备资质的人员进行，任何无资质的医师或其他人员从事诊疗活动，都会导致严重的法律责任。无论是设立的医疗机构，还是与其他医疗服务机构的合作，医疗机构都必须确保提供服务的人员资质合法合规，避免出现无资质医师或机构提供服务的情况。这类行为不仅可能导致患者权益受损，还会引发行政处罚及法律诉讼。

5. 医疗服务中的风险提示与免责条款的无效性

一些医疗或养老机构通过合同中的免责条款试图免除责任，但法律并不允许机构通过不合理的条款来免除其应尽的护理或医疗责任。法院通常会判定此类条款无效，特别是在患者生命健康受到威胁时。医疗机构必须履行其护理和医疗职责，任何试图通过免责条款逃避责任的行为都会被法律认定无效。

6. 一次性费用支付带来的"跑路"风险

某些养老机构或医疗机构采取一次性收费模式，如果机构未能履约甚至"跑路"，将给患者或老年人带来巨大的财务损失。法院在此类案件中通常判决机构退还全部费用并承担相应赔偿责任。这表明，医疗和养老机构必须谨慎处理一次性收费问题，保证其服务与收费的合理性和合法性，避免给消费者带来不必要的风险。

以上法律风险表明，医疗机构在日常运营中面临复杂的法律挑战，稍有不慎就可能引发法律纠纷或行政处罚。接下来，我们将进一步探讨法律顾问可以为医养机构提供的具体服务。

二、医养机构常年法律顾问服务

（一）服务介绍

医养机构常年法律顾问服务，是指专业律师或律师事务所为养老机构提供的一种持续性、全方位的法律支持服务。这也是落实国务院办公厅《关于建立健全养老服务综合监管制度促进养老服务高质量发展的意见》中对养老服务高质量发展要求的必要举措。

医养事业是一项复杂的社会工作,在其经营管理的各个方面存在相当高的潜在风险。通过阅览中国法院网的相关文章,我们可以总结归纳出以下原因。

首先,医养机构从业经验少导致处理不当产生诉讼纠纷。由于我国已经进入老龄化社会,医养机构近年来迎来了迅速发展。一般来说,医养机构分为两种,一是养老院,二是护理院。过去,无论是在城市还是在农村,绝大多数老年人都更愿意依靠家庭赡养而不肯去养老院,只有"五保户"等孤寡老人不得已由福利部门负责照料生活。但现在由于人口结构的变化,以及人们观念的改变,我国养老机构的发展驶入"快车道",但这种发展仍处于起步阶段,可借鉴经验较少。大家都是"摸着石头过河",所以在处理一些事情时也就容易产生诉讼纠纷。

其次,数量占比较大民办机构的抗压能力较弱。公办的医养机构相对起步较早,有社会福利的资金作为依靠,国家不要求其盈利,所以在产生问题后能够较为妥善地解决。而民办的医养机构起步较晚,又无坚实的后盾,如果不盈利,其机构就有可能无法维持,可能会更多地注重在利益上的盈亏,所以在问题产生后就不一定能够妥善地解决,更容易产生诉讼问题。

最后,配套法规不完善。医养机构内部纠纷发生时会涉及安全保障、医疗安全等方面。当纠纷发生时,主体的归责问题会显得模糊不清,难以确定。

因此,在当前这种情况下,医养机构常年法律顾问服务就显得十分有必要。法律顾问服务涉及养老机构从成立到运营再到发展的方方面面,不仅涉及广度还涉及深度。在养老产业蓬勃发展的当下,医养机构法律顾问对于医养机构的稳定运营和健康发展具有深远而不可或缺的意义。因此,拥有一支专业的法律顾问团队显得尤为关键。

首先,法律顾问通过提供专业的法律服务,为医养机构筑起了一道坚实的法律防线。他们不仅能够帮助机构在日常运营中规避各种法律风险,还能够在机构面临法律纠纷时,提供及时、准确的法律建议,协助机构妥善处理各种复杂法律问题。这样不仅能够保障机构的合法权益不受侵害,还能够避免因法律纠纷而给机构带来的不必要损失。其次,法律顾问通过为养老机构提供法律指导,帮助机构建立健全内部管理制度和规范服务流程。他们可以根据相关法律法规和行业标准,为机构制定合同模板、员工手册等重要文件,确保机构的运营活动符合法律要求。同时,他们可以定期对机构的服务质量进行监督和评估,提出改进意见和建议,帮助机构不断提升服务水平和客户满意度。最后,拥有一支专业的法律顾问团队还能够提升养老机构的社会信誉度。在当今社会,消费者对于机构的信誉度越来越重视。一个拥有专业法律顾问团队的养老机构,无疑会给人一种更加规范、可靠的职业形象。这不仅能够吸引更多的潜在客户选择该机构作为养老服务提供者,还能够提升机构在行业内的地位和影响力。

综上所述,医养机构法律顾问在保障机构稳定运营、提高服务质量、提升社会信誉度等方面发挥着不可替代的作用。因此,养老机构应该高度重视法律顾问的作用,积极引进和培养专业的法律人才,为机构的健康发展提供有力保障。

(二)服务内容

医养机构常年法律顾问服务通常包括但不限于以下几个方面。

1. 合同管理。帮助养老机构起草、审查和修改各类合同,确保合同条款的合法性和合理性,预防合同纠纷。这就具体要求法律顾问需要根据养老机构的具体需求和业务特点,修订各类合同模板,如服务合同、劳动合同、供应商合同、合作协议等。同时,要对养老机构拟签署的合同进行详细审查,确保合同条款的合法性、公平性和可执行性,避免不利条款和潜在风险。在合同谈判过程中,法律顾问需要提供法律支持,帮助养老机构争取更有利的合同条件,平衡双方权益。在合同执行监督过程中,监督合同的执行情况,确保合同双方履行合同义务,及时发现并解决执行过程中的问题。在合同履行过程中出现纠纷时,提供法律咨询和解决方案,协助养老机构通过协商、调解、仲裁或诉讼等途径解决纠纷。此外,还需要建立和维护合同档案管理系统,确保合同文档的安全存储和便于查询,以及为养老机构的管理人员和相关员工提供合同法律知识培训,提高他们的合同管理能力。最后,还需要在法律风险评估和政策与法规更新时,定期对养老机构的合同管理进行法律风险评估,提出改进建议,帮助机构优化合同管理流程以及关注与合同管理相关的法律法规变化,及时向养老机构提供更新信息和合规建议。通过上述工作,养老机构常年法律顾问能够帮助养老机构建立和维护一个健全的合同管理体系,有效预防和减少合同纠纷,保护机构的合法权益。

2. 合规性审核。确保养老机构的运营活动符合国家和地方的相关法律法规,包括但不限于老年人权益保护、消防安全、食品安全、医疗服务等方面的规定。在养老机构运营活动的合规性审查过程中,法律顾问需确保机构遵循相关法律法规,审查并优化内部管理制度,监督资金的合法使用,评估和预防潜在的法律风险,提供员工法律培训,处理突发事件的法律指导,解读政策更新,以及定期提供合规性报告和法律咨询,从而保障养老机构的合法运营并维护其权益。

3. 风险评估与控制。对养老机构的运营流程进行法律风险评估,提出风险控制和预防措施,减少潜在的法律风险。通过借鉴成熟的公司风险评估与控制模式,在养老机构运营风险评估与控制过程中,法律顾问需识别和分析机构可能面临的各类法律风险,包括合同违约、劳动争议、服务纠纷、资金管理不当等,制定相应的风险预防措施和应对策略,确保养老机构的运营活动符合法律法规要求,同时,为机构提供专业法律咨询和支持,帮助其建立和完善风险管理机制,以降低潜在风险对机构运营的影响。

4. 纠纷解决。在发生服务纠纷或其他法律问题时，提供专业的法律咨询和解决方案，协助养老机构通过协商、调解、仲裁或诉讼等途径妥善处理。在养老机构纠纷解决过程中，法律顾问需要提供专业的法律分析和建议，帮助机构评估纠纷的性质和可能的法律后果，制订合理的解决方案，参与协商和谈判，以达成和解或调解；在必要时，代表养老机构参与仲裁或诉讼，确保机构的合法权益得到有效维护，同时，通过这些活动提升机构内部的法律意识和管理水平，预防未来纠纷的发生。

5. 知识产权保护。协助养老机构处理知识产权相关事务，包括商标注册、专利申请等，保护机构的无形资产。

6. 其他法律事务。根据医养机构的具体需求，提供其他相关的法律服务，如税务咨询、财产管理、慈善捐赠等。

（三）服务流程

医养机构长期法律顾问服务是一个系统化、专业化的过程，旨在为医养机构提供全面的法律支持，确保其运营的合法性和合规性。

首先，初步咨询与需求分析。在这一阶段，法律顾问与医养机构的管理层进行深入交流，了解机构的使命、愿景、服务对象、财务状况以及任何特定的法律历史问题。法律顾问可能会要求查看机构的组织章程、运营协议、员工手册、服务合同等文件，以便更好地理解机构的法律环境。医养机构的需求分析不仅关注当前的法律问题，还预见未来可能出现的法律挑战，如新兴的医疗法规、劳动法变更等。法律顾问将根据收集的信息，为医养机构制定一份详尽的法律服务需求分析报告，该报告将作为后续服务的基础。

其次，服务协议的签订。服务协议的签订是一个关键步骤，它确保双方对服务内容和期望有共同的理解。法律顾问会根据养老机构的具体需求，定制服务协议的条款，确保协议内容全面且具有可操作性。

协议中可能包括服务的具体时间表、紧急情况响应机制、费用支付方式和周期等。签订协议前，法律顾问会确保养老机构理解协议中的所有条款，并有机会提出修改建议。

再次，定期法律服务计划的制订。法律服务计划是确保养老机构持续获得法律支持的关键。计划中可能包括定期的法律审查，比如，每年对机构的主要合同进行一次全面审查，以确保合同条款仍然有效且符合最新的法律法规。法律顾问还会根据养老机构的特定需求，安排定期的法律培训，帮助员工了解他们的法律责任和权利。此外，计划还应包括对养老机构政策和程序的定期评估，确保它们与法律法规保持一致。

复次，法律服务的执行与监督。法律顾问将根据服务计划，提供日常的法律咨询，处理合同谈判，参与劳动争议的解决等。在执行过程中，法律顾问会定期与养老机构的管理层和关键员工沟通，确保法律服务与机构的实际需求保持一致。法律顾问还会监督养老机构对法律建议的执行情况，确保所有措施得到妥善实施，以降低法律风险。

最后，服务效果评估与反馈。服务效果评估是一个持续的过程，旨在确保法律服务能够满足养老机构的期望并产生实际效果。法律顾问会定期收集养老机构的反馈，了解服务的满意度和改进建议。评估结果将用于调整服务计划，以更好地适应养老机构的变化需求和法律法规的更新。通过这种反馈循环，法律顾问能够不断优化服务，确保养老机构在法律方面的持续稳定和合规。

整个流程强调法律顾问与养老机构之间的合作与沟通，确保法律服务能够真正帮助养老机构实现其目标，同时降低潜在的法律风险。

（四）服务优势

医养机构常年法律顾问服务的优势，从专业性、及时性、预防性、定制性四个维度进行深入剖析，其重要性及益处显得尤为突出。

首先，谈及专业性，从事法律顾问的主体作为法律领域的专家，他们不仅具备深厚的法律理论知识，还拥有丰富的实践经验。对于养老机构的运营特点、行业规范以及相关法律法规，他们都有深入的了解和研究。这使他们能够在面临复杂的法律问题时，为养老机构提供专业的指导和解决方案。此外，他们还能根据养老机构的实际情况，帮助其建立健全的法律风险防范机制，确保机构的合规运营。

其次，及时性也是法律顾问服务的一大亮点。由于常年法律顾问与养老机构建立了长期稳定的合作关系，他们能够快速响应机构的法律需求。养老机构的服务对象往往是高龄的老年人这一特殊群体，较严重的法律纠纷一般都具有突发性，倘若应对不及时就会造成举证难、危害迅速扩大等不利影响。因此，这种快速的反应能力有助于降低养老机构面临的法律风险，避免损失进一步扩大。

再次，预防性的角度。预防胜于治疗，这一点在法律领域同样适用。常年法律顾问通过定期的法律风险评估和合规审查，帮助养老机构识别并预防潜在的法律风险。他们会根据养老机构以及服务产业的实际情况，提出有针对性的法律建议，帮助机构完善内部管理制度，提高风险控制与防范能力。这种预防性的服务能够帮助养老机构在问题发生之前就做好准备，从而避免或减少法律风险的发生。

最后，定制性，也是法律顾问服务的一大特色。每个养老机构都有其独特的运营模式和需求，因此，常年法律顾问会根据每个机构的实际情况，提供定制化的法律服务。无论是在合同管理、纠纷解决还是员工培训等方面，法律顾问都会根据养老机构的具体需求，提供个性化的法律解决方案。这种定制化的服务能够更好地满足养老机构的实际需求，确保其得到最全面、最专业的法律保障。

综上所述，养老机构常年法律顾问服务在专业性、及时性、预防性和定制性等方面展现出显著优势。这种服务模式不仅为养老机构提供了全方位的法律保障，还能够帮助机构提高运营效率、降低法律风险，实现健康、稳定的发展。因此，对于养老机构来说，选择常年法律顾问服务无疑是一种明智的决策。

第二节　“夕阳红”旅游业涉及的纠纷及法律服务

除最基础的医养服务外，旅游服务提供者和旅行社也是涉老法律纠纷中最常见的主体。夕阳红旅游，这种专为老年群体设计的旅游服务，旨在满足老年人对生活的多样化需求，为他们提供丰富的旅游选择和健康休闲活动。然而，由于老年人身体状况较为特殊，夕阳红旅游在运营过程中不可避免地面临诸多法律问题，从安全保障到商标使用、广告宣传等方面，均可能引发法律纠纷。本节通过对几个经典案例的分析，探讨夕阳红旅游在运营中所面临的法律风险及其背后的法律思考，并总结对旅游经营者和老年群体双方的启示。

一、人身损害

欧阳某某诉武汉华庭时代宾馆与萍乡市蓝天国际旅行社生命权纠纷案

本案原告欧阳某某参加了由萍乡市蓝天国际旅行社组织的老年旅游团，并在旅游期间入住了武汉华庭时代宾馆。入住宾馆时，欧阳某某不慎滑倒受伤。事发后，旅行社员工立即将其送往医院，并提供了必要的救助。然而，欧阳某某仍然对旅行社和宾馆提起诉讼，认为旅行社和宾馆在安全保障上存在过失，要求其赔偿相应的损失。

法院经过审理，认定旅行社尽到了应有的救助义务，对原告的损害无须承担责任，但宾馆未能提供足够的安全保障，与欧阳某某的受伤有因果关系，因此，判定宾馆需承担部分赔偿责任。

该案的核心在于旅游经营者与旅游辅助服务提供者的安全保障义务，尤其是针对老年人这一特殊群体的责任划分问题。旅游经营者在组织老年团时，需承担较高的安全保障义务。老年人因身体条件较为脆弱，容易遭遇意外伤害，因此，旅行社、宾馆等服务提供者在安排老年人的住宿、出行时，应比普通旅游者付出更多的关注和照料。

根据《民法典》第1198条的规定，提供住宿、交通等服务的宾馆、旅行社有责任确保老年人在其场所内的安全，并对可能的安全隐患采取预防措施。宾馆未能尽到相应的注意义务，是导致原告受伤的重要原因，故法院判定其需承担赔偿责任。同时，法院也强调了老年人自身的审慎义务。老年人在参与旅游活动时，虽然其身体条件可能较差，但仍应对自身的安全负责，特别是在自身状况允许的情况下，老年人应采取合理的措施避免伤害。在此次案件中，原告欧阳某某的受伤虽然与宾馆存在关联，但她自身未能妥善注意个人行动，也应承担部分责任。

该案明确了旅游服务提供者在面对老年游客时，需承担更高的注意义务和安全保障责任。这也意味着，旅游行业在未来的发展中，应对老年人参与的旅游活动进行更细致的风险管理。旅游企业不仅要在安全保障上付出更多努力，还应通过适当的合同条款来明确双方的权利和义务，减少纠纷发生。这也体现出法律服务在此类涉老旅游服务业中的重要性。

二、商标侵权

常德中国旅行社不服常德市工商行政管理局行政处罚决定案

常德中国旅行社因在广告中使用“夕阳红之旅”宣传夕阳红重阳节特色旅游活动，被常德市工商行政管理局认定为侵犯了北京夕阳红老年服务中心的注册商标权。常德市工商行政管理局以常德中国旅行社未经商标权人许可使用“夕阳红”标识为由，作出行政处罚，责令旅行社停止使用“夕阳红”商标并处以罚款。常德中国旅行社对此决定不服，提起行政诉讼。旅行社认为，“夕阳红之旅”只是作为旅游线路名称，并未作为商标使用，不构成商标侵权。最终，法院判定旅行社胜诉，撤销了常德市工商行政管理局的行政处罚。

本案涉及《商标法》中关于商标使用和商标侵权的规定。根据《商标法》的规定，商标权人对其注册商标享有专用权，其他主体未经许可不得在同类服务或商品上使用相同或近似的商标。北京夕阳红老年服务中心注册了“夕阳红”作为其老年服务的商标，涵盖了“观光旅游”等服务项目。法院认为，常德中国旅行社使用“夕阳红之旅”作为旅游线路的名称，并未作为商品或服务的标识，未构成商标侵权。法院的这一判决从法律层面澄清了商标使用与普通广告宣传之间的区别，明确了使用注册商标与普通商业描述的界限。该判例具有重要的指导意义，为旅游行业在使用类似名词进行宣传时提供了法律依据，避免了不必要的法律风险。值得注意的是，随着老年旅游市场扩大，类似的知识产权纠纷将日益增多。旅游企业在设计广告宣传时，应对《商标法》保持高度敏感，确保避免使用可能侵犯他人知识产权的标识或词语。这不仅能避免侵权纠纷，也有助于提高企业在市场中的声誉和信任度。

从上述两案中可以看出，随着银发经济的兴起，夕阳红旅游市场日益扩展，旅游行业中的法律服务需求也在增加。

首先，老年人作为消费群体的特殊性，使得他们在旅游消费中面临的法律问题更为复杂。无论是涉及安全保障、合同纠纷，还是商标使用等问题，都要求旅游企业加强合规管理，同时，需要法律服务机构提供更多专业支持，帮助企业应对日益复杂的法律环境。其次，老年群体的法律意识也需要提升。通过法律服务和教育，老年人可以更加清楚地了解自身权益，在面对旅行纠纷时更好地保护自己。相关法律法规应进一步明确老年人在旅游消费中的权利和义务，减少法律纠纷的发生。

第三节 老年人的私人法律顾问服务

老年人在社会中面临的法律问题及其复杂性是法律服务必要性的主要原因。实践中,涉及老年人的案件也是多种多样的,主要包括继承、离婚、赡养、遗嘱等家事纠纷;医疗服务、民间借贷等合同纠纷;交通事故、家庭矛盾等引发的人身损害赔偿纠纷。

老年人涉事案件不仅包含对弱势群体的保护,还多与婚姻、家庭有关,当事人之间特殊的身份关系夹杂着情感纠纷,难以简单地分清是非曲直。伴随我国人口老龄化程度持续加深,老年人参与社会生活的深度和广度日益提升,新型案件不断涌现。例如,有关新闻文章指出,当下"涉孙"类纠纷增多明显,具体指老年人向"啃老"子女追索代为抚养孙子女的费用,又引出子女离婚后老年人对孙子女是否享有探望权的法律问题;新型赡养纠纷增多,高龄老年人在老年子女无力赡养的情况下,要求有负担能力的孙子女代位承担赡养义务。除了经济方面的援助,老年人要求子女定期探望、节假日陪伴等精神赡养诉求也成为热点问题。

此外,涉及高龄、丧偶、失能、失智老年人的居住权纠纷;养老服务业因机构设施管理缺陷、人员看护不力、送医救治不及时等引发的老年人人身伤害纠纷;"银发旅游"产业尚不健全,因安全保障不到位导致老年人意外伤亡事件纠纷;老年人选择返岗工作,但因老年人存在举证难、精力低等问题引发的劳动关系确认、工伤保险赔偿、薪资按时按量发放等纠纷……这些纠纷问题都是现在司法裁判的难点。此外,许多不法分子利用老年人风险意识不足、辨别能力不强、缺乏专业知识等特点,通过情感攻势、虚假宣传、许以高额回报等方式,设置投资、消费、拍卖等骗局,严重损害老年人财产权益,由此引发的纠纷层出不穷。这导致老年人对法律服务的需要不亚于甚至超出大部分其他群体。

私人法律服务对老年人的必要性在当前社会中显得尤为突出。老龄化严重导致庞大的老年群体在遗产继承、财产分配等方面的需求不断增长,但同时也面临法律知识不足、法律服务获取困难等问题。在这种情况下,私人法律服务能够提供个性化的法律咨询,帮助老年人理解复杂的法律条文,制定合适的遗产规划,确保他们的财产得到合理分配和保护。此外,随着老年人对医疗和长期护理需求的增加,私人法律服务还能协助他们理解医疗保险政策,维护其在医疗过程中的合法权益。在家庭关系方面,私人法律服务可以帮助老年人处理离婚、再婚以及家庭暴力等敏感问题,为他们提供必要的法律支持和保护。因此,私人法律服务对于保障老年人的合法权益,提高他们的生活质量,以及促进社会和谐稳定具有重要意义。

一、老年人面临的主要法律问题

在前述章节中,本书已对老年人可能面临的法律问题有了较为系统全面的介绍,下文将再次简要综述老年人可能需要私人法律服务的重要情景。

1. 遗产规划与继承:随着年龄的增长,老年人需要考虑如何合理规划自己的财产,包括遗嘱的制定、财产的分配以及遗产税的处理。这些问题往往涉及复杂的法律程序和家庭关系,需要专业的法律知识和指导。在中华遗嘱库发布的2023年典型案例中,涉及再婚家庭遗产继承、独生子女继承、虚拟财产继承等多个方面。例如,刘某在生病期间子女未尽赡养义务,她更改遗嘱将遗产捐赠给宠物医院。这反映了老年人在遗产规划方面的自主选择权,同时揭示了家庭关系对遗产分配的影响。

2. 财产保护:老年人可能因为对现代金融产品和服务了解不足,而容易成为金融诈骗的受害者。此外,老年人情感容易波动使这一群体更容易成为受害方,他们需要法律服务来帮助识别和防范潜在的金融风险,保护自己的合法财产不受侵害。在人民法院老年人权益保护第三批典型案例中,“杨某某诉某健康科技有限公司买卖合同纠纷案”涉及消费欺诈和惩罚性赔偿。杨某某被诱导购买高价的光量子芯片医用冷敷贴，实际效果与宣传不符，法院判决公司退还货款并赔偿3倍损失。这一案例凸显了老年人在消费过程中可能面临的欺诈风险。

3.医疗权益：随着健康状况的变化，老年人可能需要固定的医疗护理和康复服务。他们需要了解医疗保险的覆盖范围、长期护理保险的申请条件以及相关医疗服务的法律权益。由于理解能力下降，老年人可能并不知道自己的合法权益遭到侵害，这就给了他人可乘之机。老年人在医疗权益方面面临的法律问题涉及医疗保险、服务质量、纠纷处理等多个层面。以“李某诉某保险公司健康保险合同纠纷案”为例，李某购买了老年防癌险，后被诊断为气管肿瘤癌变，保险公司却以其未如实告知其患有慢性支气管炎为由拒赔。法院最终判决保险公司应履行合同并支付医疗费用，因为保险公司未在承保时询问相关疾病，李某已履行告知义务。这一案例强调了保险公司在承保过程中的询问义务和老年人在购买保险时应享有的权益。在医疗服务质量方面，如在“郗某某、周某四人与凌海市某老人之家案”中，周某某在养老院期间走失并死亡，法院判决养老院未尽到合理的注意义务，应承担赔偿责任。这凸显了养老机构在提供服务时应确保老年人的安全，以及在发生意外时的责任。在医疗纠纷处理方面，老年人可能因信息不对称而难以判断服务质量，如遇误诊或治疗不当，可能需要法律援助来维护权益。此外，医疗决策权也是老年人医疗权益的关键，特别是在老年人无法自主决策时，需要法律明确家庭成员或法定监护人的决策权和责任。随着人口老龄化，老年人对医疗资源的需求不断增长，如何公平合理地分配医疗资源，确保老年人能够及时获得必要的医疗服务，也是医疗权益保护的重要议题。为了更好地保护老年人的医疗权益，需要完善相关法律法规，提高医疗服务质量，加强医疗纠纷处理机制，并确保老年人在医疗决策中的参与权。同时，社会和家庭也应提供必要的支持，帮助老年人更好地理解和维护自己的医疗权益。

4. 居住与房产问题：老年人可能面临房屋买卖、租赁、维修以及房产继承等法律问题。这些问题可能涉及合同、物权等多个法律领域，需要专业的法律咨询和服务。在最高人民法院发布的案例中，“唐某三人诉俞某其返还原物纠纷案”涉及居住权保护。唐某三人承诺其父亲唐某某及其续弦有终身无偿居住房屋的权利。法院判决尊重当事人意思自治，保护了老年人的居住权益。

5. 消费者权益：老年人在购买商品和服务时，可能因为缺乏法律意识、存证观念而导致权益受损。他们需要法律知识来维护自己的消费者权益，包括商品质量、售后服务以及电信服务等方面的法律保护。

6. 家庭关系与婚姻问题：老年人可能面临赡养、抚养义务的法律问题，以及离婚、再婚等家庭关系变动带来的法律挑战。这些问题需要法律服务来协助处理家庭内部的权益分配和责任承担。老年人离婚和再婚问题在现代社会中也越来越受到关注。随着人们寿命的延长和个人意识的提高，老年人对于婚姻质量的要求也在提高，这导致一些老年人在晚年选择结束不幸福的婚姻或在丧偶后寻求新的伴侣。在离婚方面，老年人可能面临财产分割、赡养费、子女抚养权等问题。根据我国《婚姻法》（已失效）的规定，夫妻双方在离婚时应当平等分割共同财产，同时考虑双方的经济状况和对家庭的贡献。如果涉及子女抚养权，法院会根据子女的最佳利益来决定。在再婚方面，老年人再婚可能会遇到子女的反对、社会观念的压力以及财产继承等复杂问题。法律上，老年人享有与年轻人同等的婚姻自由，他们的再婚权利受到法律保护。然而，再婚可能涉及前配偶的遗产继承问题，以及新婚姻中财产的归属和分配。在这种情况下，老年人可能需要法律咨询，以确保自己的权益不受损害。例如，在“孙丙诉袁某、孙乙继承纠纷案”中，法院在处理遗产分配时，特别考虑了老年配偶的权益，确保了其在法定继承中的合理份额。这表明，即使在再婚家庭中，老年人的财产权益也应得到法律的保护。总的来说，老年人在离婚和再婚问题上应当得到法律和社会的充分支持。这不仅涉及他们的个人幸福,也关系他们的经济安全与家庭和谐。通过法律途径,可以为老年人提供必要的保护,帮助他们实现晚年的幸福和尊严。

7. 法律代理与诉讼支持:在涉及法律诉讼的情况下,老年人可能需要法律代理来代表他们参与诉讼,提供策略建议和证据支持,以维护自己的合法权益。在最高人民法院发布的案例中,如“刘某芽赡养纠纷案”,检察院支持起诉,体现了在老年人权益受损时,公权力机关的介入和支持。

8. 家庭暴力与维权途径:家庭暴力问题在老年群体中发生的频率逐渐增加,并对老年人的身心健康产生了深远的影响。家庭暴力不仅包括身体上的暴力行为,还涉及精神虐待、经济控制等多种形式。在法律层面,《反家庭暴力法》为所有的家庭成员包括老年人,提供了保护。该法律明确规定了家庭暴力的定义,规定了预防和制止家庭暴力的措施,以及为受害者提供救助和保护的途径。例如,受害者可以向法院申请人身安全保护令,要求施暴者远离,以防止进一步的暴力行为。在实际案例中,如果老年人遭受家庭暴力,他们可能因为依赖施暴者的经济支持或担心家庭破裂而选择沉默。然而,法律鼓励受害者通过法律途径寻求帮助。例如,法院可以依据受害者的申请,对施暴者进行教育、警告,甚至采取强制措施,如限制其与受害者接触,确保受害者的安全。此外,社会服务机构、社区组织和非政府组织也在提供支持和资源,帮助老年人应对家庭暴力。这些组织可以提供咨询、临时庇护、法律援助等服务,帮助老年人摆脱暴力环境,重建安全和尊严的生活。总的来说,家庭暴力对老年人是一个严重的问题,需要通过法律保护、社会支持和家庭关怀,可以为老年人创造一个无暴力的生活环境。

这些案例表明,老年人在遗产规划、财产保护、医疗权益、居住权益、消费者权益、家庭关系以及法律代理等方面面临多样化的法律问题。这些问题的解决不仅需要老年人自身的法律意识提升,也需要家庭、社会和司法机构的共同关注和支持,以确保老年人的合法权益得到有效维护。

二、老年人需要的法律服务方式

(一)法律咨询

法律咨询是私人法律服务在老年人中的应用的核心。私人法律服务提供者通过提供专业的法律咨询,为老年人解答上述这些法律问题,提供明确的法律建议和解决方案。他们可以帮助老年人了解相关法律条文和规定,分析各种可能的法律后果,使老年人在作出决策时能够充分了解法律风险,避免不必要的法律纠纷。

除法律咨询外,私人法律服务提供者还可以为老年人提供法律规划服务。法律规划是根据老年人的具体情况和需求,制定一套全面、系统的法律解决方案,旨在预防潜在的法律风险,保护老年人的合法权益。在法律规划中,私人法律服务提供者会综合考虑老年人的财产状况、家庭关系、健康状况等因素,为他们提供个性化的继承规划、财产保护计划、医疗决策授权等。这些规划不仅有助于老年人合理安排自己的财产和生活,还能在老年人丧失行为能力时,确保其合法权益得到保障。

此外,私人法律服务提供者还会关注老年人的日常生活,提醒他们注意可能存在的法律风险,如防范诈骗、保护个人信息等。他们还可以为老年人提供定期的法律知识普及活动,增强老年人的法律意识和自我保护能力。通过法律咨询与规划,私人法律服务提供者能够帮助老年人更好地应对生活中的法律问题,确保他们的权益得到最大限度的保障。这不仅有助于提升老年人的生活质量,还能让他们在晚年生活中感受到更多的安全和尊严。

(二)定制服务

在私人法律服务中,为老年人定制个性化法律规划是一项至关重要的任务。由于每位老年人的家庭背景、财产状况、健康状况以及个人意愿都各不相同,因此,制订一套符合他们个人情况的法律规划显得尤为关键。

私人法律服务定制人首先需要深入了解老年人的具体情况。这包括但不限于老年人的财产分布、家庭成员关系、健康状况以及他们的长期目标和担忧。通过深入细致的沟通和调查,定制人能够全面掌握老年人的实际需求,为后续的法律规划工作打下坚实的基础。

在了解老年人的具体情况后,定制人会开始制定个性化的法律规划。这些规划可能涉及多个方面,如财产继承、医疗决策、养老安排等。在财产继承方面,定制人会根据老年人的意愿和家庭成员情况,制订详细的遗嘱或信托计划,确保老年人的财产能够按照他们的意愿进行分配。在医疗决策方面,定制人会协助老年人制定医疗决策授权书,明确在老年人无法自主决策时,由谁代为作出医疗决策。

然而,仅仅制定法律规划还不足以完全满足老年人的需求。因此,定制人还需提供持续的跟进服务,确保法律规划的实施效果。跟进服务的第一步是定期与老年人进行沟通和交流。服务提供者会安排定期会面或通过电话、邮件等方式与老年人保持联系,了解他们的最新情况,解答他们在法律规划实施过程中的疑问和困惑。通过这种方式,定制人能够及时了解老年人的需求和反馈,对法律规划进行必要的调整和完善。

此外,定制人还会密切关注相关法律的最新动态。他们会定期查阅相关法律法规,了解法律条款的变化和更新,确保老年人的法律规划始终符合法律要求。如果出现法律变化或新的法律规定,定制人会及时向老年人进行说明,并根据需要调整或更新法律规划。

除沟通和法律更新跟进外,定制人还可能为老年人提供其他增值服务。例如,他们可以帮助老年人办理相关法律手续,如遗嘱公证、财产过户等;还可以为老年人提供法律咨询和援助,协助他们处理与法律规划相关的纠纷或问题。通过持续的跟进服务,私人法律服务提供者能够确保老年人的法律规划得到有效实施,并在实施过程中及时发现问题、解决问题,为老年人提供更加全面、周到的法律保障。这种持续的关注和服务,不仅体现了服务提供者的专业素养和责任心,也增强了老年人对私人法律服务的信任和依赖。在定制个性化法律规划的过程中，私人法律服务提供者始终坚持以老年人的利益为出发点，尊重他们的意愿和选择。他们通过专业的法律知识和丰富的实践经验，为老年人量身打造一套既符合法律要求又能够切实保护他们利益的法律规划，让老年人在晚年生活中能够享受到更多的安宁和保障。

（三）法律文书起草与审查

在私人法律服务中，法律文书的起草与审查是至关重要的一环。对于老年人而言，遗嘱和各类合同的起草与审查是关系他们切身利益的重要事项。遗嘱起草与审查以及合同起草与审查要注意以下两个方面。

1. 遗嘱是老年人在生前对其财产进行分配和安排的重要法律文件。因此，遗嘱的合法性和有效性是首要考虑的因素。在起草遗嘱时，私人法律服务提供者必须确保遗嘱符合相关法律规定，避免因形式上或内容上的瑕疵而导致遗嘱无效。除合法性和有效性外，遗嘱内容的明确性和合理性也是至关重要的。遗嘱内容应当清晰明了，避免使用模糊或歧义的词句。同时，遗嘱内容还应当符合老年人的真实意愿，合理安排财产的分配，避免引发家庭纠纷。在审查遗嘱时，私人法律服务提供者会仔细核对遗嘱的每一个条款，确保其合法、有效且符合老年人的真实意愿。如果发现遗嘱存在问题，服务提供者会及时与老年人沟通，提出修改建议，确保遗嘱的完善性和可执行性。

2. 老年人在日常生活中也可能涉及多种类型的合同，如养老合同、医疗合同等。这些合同的起草与审查同样需要专业法律服务的支持。在起草合同时，私人法律服务提供者会根据老年人的需求和实际情况，制定具体、明确的合同条款。合同条款应当涵盖双方的权利和义务、违约责任等重要内容，确保老年人的权益得到充分保障。在审查合同时，服务提供者会仔细分析合同条款的合法性和合理性，确保合同内容符合相关法律规定，并充分保护老年人的利益。同时，服务提供者还会关注合同中的风险点，提醒老年人注意可能存在的风险，并提出相应的风险防范措施。此外，私人法律服务提供者还会为老年人提供合同履行的监督和支持。在合同履行过程中，如果老年人遇到任何问题或纠纷,服务提供者会及时提供法律建议和帮助,协助老年人维护自身权益。

(四)法律代理与诉讼支持

在老年人的法律生活中,法律代理与诉讼支持是重要的环节。随着老龄化社会到来,老年人面临的各种法律问题日益增多,因此,为他们提供专业的法律代理和诉讼支持,帮助他们解决法律难题,维护合法权益,显得尤为重要。

首先,代理老年人参与法律诉讼业务。当老年人面临法律诉讼时,他们往往感到无助和困惑。此时,专业的法律代理人将扮演至关重要的角色。法律代理人不仅具备丰富的法律知识和实践经验,还熟悉法律诉讼的流程和技巧,能够代表老年人参与法律诉讼,为他们提供专业的法律辩护。在代理老年人参与法律诉讼的过程中,法律代理人会全面了解案件情况,分析证据和法律规定,制定合适的诉讼策略。他们还会与法院、对方当事人及其代理人进行沟通和协商,争取最有利的诉讼结果。

其次,代理老年人处理非诉纠纷业务。除参与法律诉讼外,法律代理人还会代理老年人处理各种法律纠纷。这些纠纷可能涉及家庭矛盾、财产分割、继承分配等多个方面。在处理这些纠纷时,法律代理人会深入了解老年人的需求和意愿,制定有针对性的解决方案,并通过协商、调解或诉讼等方式,帮助老年人解决纠纷,维护他们的合法权益。

再次,提供法律建议和诉讼策略业务。在法律代理的过程中,法律代理人还会根据案件的具体情况,根据法律规定和司法实践,为老年人解释法律条文,分析案件利弊,帮助老年人了解自己在法律上的权利和义务。同时,他们还会根据老年人的实际情况和需求,制定合适的解决纠纷的策略,为老年群体争取最大的利益。

最后,诉讼支持与证据收集业务。证据通常是决定胜败的关键。因此,法律代理人会协助老年人收集证据,证明自身权益。他们会指导老年人如何收集、保存和提交证据,确保证据的真实性和有效性。如果老年人需要出庭作证,法律代理人还会为他们提供证人辅导,帮助他们克服紧张情绪,准确陈述事实。

(五)法律教育与培训开展法律知识讲座与培训

通过社区或者老年大学等中介形式,法律从业者可以积极参与老年人法律教育与培训,为老年人提供专业的法律支持。首先,法律从业者可以在社区中心、老年活动中心等地举办法律知识讲座和培训课程,分享自己的专业知识,帮助老年人理解法律概念和权利。其次,法律从业者可以在法律援助中心或通过网络平台提供法律咨询服务,解答老年人在日常生活中遇到的法律问题。他们还可以参与编写或审阅针对老年人的法律教育材料,确保这些材料内容准确且易于理解。再次,法律从业者还可以参与社区组织的法律教育活动,如法律工作坊和模拟法庭,通过互动和实践的方式提高老年人的法律意识。与政府部门、非政府组织以及专门为老年人服务的机构合作,共同开展法律教育项目,也是法律从业者可以采取的行动。最后,法律从业者可以参与相关政策的学习、评价、建议的过程,为老年人法律教育和培训提供专业意见和建议,推动社会对老年人法律需求的关注和满足。通过这些活动,法律从业者不仅能够为老年人提供实际帮助,还能够增强自己的社会责任感和职业素养,为构建更加公正和关怀的社会环境作出贡献。

三、具体服务

(一)婚恋法律服务

老年人在婚恋过程中面临诸多法律风险和挑战。首先,在财产方面,老年人应注意保护婚前财产,避免婚后财产混同,导致离婚时财产分割纠纷。同时,明确共同财产的范围和管理方式,防范财产管理不当引发的风险。此外,涉及财产赠与时,应明确赠与条件并办理公证手续,以免日后产生继承纠纷。其次,在婚姻法律方面,老年人要确保婚姻关系的合法性,避免重婚、近亲结婚等导致婚姻无效的情形。若感情破裂面临离婚,应了解财产分割、子女抚养等法律规定,维护自身权益。此外,老年人还需警惕人身安全风险,如遇家庭暴力应及时报警并寻求法律援助,同时防范婚恋诈骗,保持警惕,避免上当受骗。为了保障老年人的合法权益,专门针对老年人的婚恋法律服务应运而生。

1. 法律咨询与指导

根据相关政策规定,法律从业者将详细解读老年人婚恋过程中涉及的法律问题,如婚姻登记、财产分割、继承权等。同时,法律从业者将结合具体案例,为老年人提供风险防范建议,帮助他们避免潜在的法律纠纷。

2. 婚前财产协议起草与审查

老年人婚前财产协议起草与审查服务是一项为老年人提供的法律服务。这一服务旨在通过专业的法律知识和经验,帮助老年人明确双方在婚前财产的权益,规避潜在的法律风险,确保他们的婚姻生活更加和谐稳定。根据《民法典》第 1065 条的规定,男女双方可以约定婚姻关系存续期间所得的财产以及婚前财产归各自所有、共同所有或者部分各自所有、部分共同所有。约定应当采用书面形式。因此,法律从业者将协助老年人制定婚前财产协议,明确双方在婚姻中的财产权益。在起草婚前财产协议的过程中,服务提供者首先会与老年人进行深入的沟通,了解他们的财产状况、家庭背景以及个人意愿。基于这些信息,服务提供者会制定一份详细的婚前财产清单,包括房产、存款、投资、贵重物品等各类财产,并明确每项财产的归属权。同时,服务提供者还会协助老年人对婚后的财产管理、增值部分的处理以及共同财产的界定等问题进行约定。例如,对于婚后可能产生的房产增值部分,可以约定其归属权;对于婚后共同财产的继承权,也可以按照双方的意愿进行明确。在协议起草完成后,服务提供者还会对协议进行细致的审查,确保其符合相关法律法规的要求,并充分保护老年人的合法权益。在审查过程中,服务提供者会特别注意协议的合法性、明确性以及可执行性,避免出现模糊、歧义或违法的内容。此外,服务提供者还会向老年人解释协议中的各项条款,确保他们充分理解并同意协议的内容。在签署协议前,服务提供者还会提醒老年人注意协议的保密性和安全性,避免信息泄露或被盗用。

3. 继承权规划与争议解决

老年人的继承权问题是婚恋法律服务中的重中之重。近年来,因继承权问题引发的家庭纠纷屡见不鲜,继承权规划与争议解决服务就显得尤为重要。首先,对于老年人自身而言,缺乏明确的继承规划可能导致他们在晚年面临更多的精神压力,担忧财产分配不公或家庭矛盾激化,进而对身心健康产生负面影响。其次,从家庭层面来看,继承权争议往往成为破坏家庭和睦的导火索,可能导致亲人之间的矛盾升级,甚至反目成仇,给原本亲密的家庭关系带来长久的伤害。再次,从社会角度来看,大量的继承权纠纷若无法以和平方式解决,将增加社会法律负担,同时可能引发公众对继承制度的不满,影响社会稳定。最后,经济方面同样受到波及,混乱和不公平的遗产分配可能损害继承人的经济利益,影响他们未来的生活和发展,而处理继承权争议所需的法律费用和其他成本也可能给家庭带来沉重的经济负担。因此,老年人应尽早进行继承权规划,明确财产分配意愿,采取必要措施保护自身权益。

继承权规划服务通常包括以下几个方面。

(1)遗产评估。首先,律师或专业顾问会对客户的资产进行全面评估,包括房产、金融资产、企业股份以及其他有价值的物品。这有助于确定遗产的总价值和可能的继承方式。

(2)制订继承计划。根据客户的意愿和家庭的实际情况,律师会协助制订详细的继承计划。这可能包括指定继承人、分配比例、继承条件以及可能的税收规划等。

(3)遗嘱起草与审查。律师会帮助客户起草遗嘱,并确保其符合法律要求。同时,律师还会对遗嘱进行审查,以确保其清晰、准确,并反映客户的真实意愿。

(4)更新和调整。随着家庭状况的变化(如新成员的加入、成员的离世或资产的变动),继承计划可能需要更新。律师会定期与客户沟通,确保继承计划始终与客户的期望保持一致。

此外,当继承权问题引发争议时,律师会提供专业的争议解决服务,帮助客户维护自己的合法权益。这具体包括以下内容:(1)协商调解,律师会协助客户与其他继承人进行协商,寻求双方都能接受的解决方案。通过调解,可以避免不必要的法律纠纷和成本。(2)法律诉讼,如果协商无果,律师会代表客户提起法律诉讼,通过法院来解决争议。律师会准备充分的证据和材料,为客户争取最大的利益。(3)仲裁与调解,在某些情况下,客户可能选择通过仲裁或调解来解决争议。律师会协助客户参与仲裁或调解程序,并为客户提供专业的法律意见和支持。

除上述的核心服务外,继承权规划与争议解决服务还可能包括其他相关服务,如税务咨询、遗产管理、遗产保险规划等。这些服务旨在为客户提供全方位的继承权解决方案。

(二)保险法律服务

保险作为一种重要的风险管理工具,对于老年人来说尤为重要。然而,老年人在保险领域往往面临信息不对称、合同条款复杂以及理赔难等问题。因此,老年人保险法律服务显得尤为重要,它不仅是保障老年人权益的重要一环,更是构建和谐社会的重要基石。

老年人保险法律服务的重要性如下。首先,保险法律服务为老年人提供了法律层面的保障。随着年龄的增长,老年人的身体机能逐渐下降,疾病和意外的风险也随之增加。保险作为风险管理的工具,能够在老年人遭遇不幸时提供经济上的支持。然而,由于保险合同的复杂性和专业性,老年人往往难以全面理解合同内容,这可能导致他们的权益受到损害。保险法律服务能够协助老年人审查保险合同,确保合同的合法性和公平性,从而保护他们的合法权益。其次,保险法律服务有助于解决老年人保险纠纷。在保险理赔过程中，老年人可能遇到各种问题，如理赔申请被拒绝、理赔金额不足等。这些问题往往涉及复杂的法律关系和证据要求，老年人难以独自应对。保险法律服务提供者能够提供专业的法律咨询和代理服务，帮助老年人厘清法律关系，收集证据、制定合适的维权策略，最终解决纠纷，保障他们的合法权益。最后，保险法律服务还能够提升老年人的法律意识和风险防范能力。通过法律服务的普及和宣传，老年人可以更加深入地了解保险法和相关政策，提高自我保护意识。同时，法律服务提供者还可以为老年人提供个性化的风险评估和建议，帮助他们选择合适的保险产品，降低潜在的风险。

1. 老年人保险概述

老年人保险种类繁多，主要包括医疗保险、养老保险和意外伤害保险等，这些保险种类共同为老年人的生活提供了全方位的保障。

医疗保险是老年人保险中最为关键的一种。随着年龄的增长，老年人的身体状况逐渐下降，医疗需求也相应增加。医疗保险能够为老年人提供医疗费用报销，减轻其经济负担。据统计，我国老年人医疗费用支出占家庭总支出的比例逐年上升，医疗保险的普及对于缓解老年人医疗压力至关重要。

养老保险是保障老年人基本生活的重要手段。通过缴纳养老保险费用，老年人可以在退休后获得一定的养老金，保障其基本生活需求。近年来，我国养老保险制度不断完善，覆盖面逐渐扩大，为老年人提供了更加稳定的收入来源。

意外伤害保险是针对老年人日常生活中可能遭遇的意外伤害而设计的。老年人由于身体机能下降，更容易发生跌倒、骨折等意外情况。意外伤害保险能够为老年人提供意外伤害导致的医疗费用和残疾、死亡等风险的保障，减轻其经济和精神负担。

从老年人保险市场的现状来看，随着社会对老年人保障问题的日益关注，老年人保险市场呈现蓬勃发展的态势。越来越多的保险公司开始涉足老年人保险领域，推出多样化的保险产品，以满足不同需求的老年人。同时，政府也在加大对老年人保险市场的扶持力度，推动其健康发展。

2. 老年人保险法律问题及其挑战

老年人保险中常见的法律问题主要包括合同条款不明确和理赔纠纷等。

合同条款不明确是老年人保险中最为突出的法律问题之一。由于保险合同往往涉及复杂的法律术语和专业知识，老年人往往难以全面理解合同内容。一些保险公司利用这一点，在合同中设置模糊、含混不清的条款，导致老年人在需要理赔时遭遇重重困难。例如，某保险公司的医疗保险合同中对于"合理医疗费用"的定义模糊，导致老年人在申请理赔时与保险公司产生争议。

理赔纠纷则是另一个常见的法律问题。由于理赔流程烦琐、审核标准不明确等原因，老年人往往难以顺利获得应有的保险赔偿。一些保险公司存在拖延理赔、拒绝理赔等不当行为，严重侵害了老年人的合法权益。相关统计数据显示，老年人保险理赔纠纷案件数量呈逐年上升趋势，其中不乏因保险公司故意拖延或拒绝理赔而引发的诉讼案件。

3. 老年人保险法律服务的内容与方式

基础的法律服务包括法律咨询、合同审查和理赔协助等。

首先，当老年人在购买或理赔保险时，遇到合同条款理解不清、理赔流程不明等问题时，法律服务提供者通过提供专业的法律咨询，解答老年人的疑问，帮助他们理解保险合同的法律效力和相关权益。其次，法律服务提供者会对保险合同进行细致审查，发现其中的不合理条款或潜在风险，并提出修改意见，确保合同的合法性和公平性。最后，理赔协助也是基础法律服务的重要内容。在理赔过程中，老年人往往面临烦琐的程序和复杂的法律问题。法律服务提供者会协助老年人准备理赔材料，指导他们正确行使权利，争取最大的理赔金额。

此外，老年人保险法律服务提供者不仅提供基础的法律服务，还根据老年人的具体需求提供个性化的服务，与前文中讲述的定制服务类似，服务者可以根据老年人的具体情况进行服务定制,更细致深入地解决老年人遇到的法律问题。

老年人保险法律服务提供者通过多种方式提供服务,以满足不同老年人的需求。线上咨询是老年人保险法律服务的一种重要方式。通过电话或网络平台,老年人可以随时随地向法律服务提供者咨询保险法律问题,获得及时解答和指导。线下讲座则是另一种有效的服务方式。法律服务提供者会定期举办保险法律知识讲座,邀请专家进行现场讲解和答疑,帮助老年人深入了解保险法律知识和维权途径。此外,法律服务提供者还会通过宣传册、微信公众号等渠道,向老年人普及保险法律知识,提高他们的法律素养和自我保护能力。

第五章

老年人依法维权

本章旨在为老年人提供一种实用的法律维权工具,帮助他们应对在日常生活中可能遇到的法律问题。无论是老年消费者的维权策略、遗嘱的有效性指南,还是如何选择监护人,本章都从实际操作的角度出发,详细解释了相关法律规定与注意事项。此外,本章还提供了养老机构合规指南和医疗纠纷解决办法,帮助老年人及其家属在复杂的法律环境中找到合适的应对策略,确保老年人权益不受侵害。

第一节 老年消费者维权策略

一、培养基础的法律意识

1. 甄选信誉商家,筑牢消费防线

在消费决策之初,务必选择那些拥有良好声誉与广泛认可的知名品牌及商家。面对陌生商家或新兴品牌,应采取谨慎态度,不急于下单,而是通过多渠道观察其经营行为,积极与子女沟通,共同评估商家的真实性及商品的质量可靠性,确保每一笔消费都建立在充分信任与了解的基础之上。

2. 紧握消费凭证,维权有据可依

无论是在实体店还是在线上平台购物,务必主动向卖家索取并妥善保存购物小票、电子发票或任何其他形式的消费凭证。这些凭证不仅是商品交易的证明,更是日后维护自身权益的重要法律依据。

3. 细致记录信息,防患于未然

面对上门推销或电话营销中的陌生产品,应保持高度警惕。若有意购买,务必要求商家提供正规发票或收据。若条件受限,应详细询问并记录商品名称、规格、价格及商家联系方式等关键信息,同时保留传单、宣传册等辅助材料。在条件允许的情况下,可采用录音、录像等方式进一步固定证据,为可能的维权行动打下坚实的基础。

4. 影像记录产品,网购维权无忧

在网购过程中,一旦发现商品存在质量问题或与描述不符等异常情况,应立即采取行动。利用手机或相机对商品进行全方位拍照、录像,特别是产品的瑕疵部分及包装细节,确保维权时有据可查。此外,录制开箱视频也是一个明智之举,它能有效证明商品在收到时的原始状态,避免因物流运输导致的责任争议。这些影像资料将成为维权时强有力的证据支持。

二、老年消费者维权渠道

1. 拨打"12315"热线电话,直接反映情况。

2. 互联网平台投诉。通过全国"12315"平台,可以投诉举报社会中各种消费乱象,全国的消费者均可通过计算机、手机 App、微信公众号、微信小程序等多种渠道,便捷高效地进行投诉、举报。

3. 向消费者委员会举报投诉。针对一些当地的消费维权,我们还可以向当地的消费者委员会进行商品或者商家的投诉或者举报,让消费者委员会进行调解。

三、警惕常见消费陷阱

1. 注意区分保健品与药品。

2. 谨慎在养生讲座上购买保健用品。

3. 警惕低价旅游陷阱。

4. 谨防电信诈骗,建议下载“国家反诈中心”App。

5. 建议主动学习投资理财知识,积极与子女沟通,重视听取子女的意见,当心投资理财陷阱。

第二节 遗嘱有效性指南

1. 遗嘱主要内容:

立遗嘱人信息;父母、配偶、子女等继承人情况;遗产来源(个人所有或与他人共有)及具体信息(产权证登记为准);遗嘱受益人信息。

2. 不能作为遗嘱见证人的人:无民事行为能力人、限制民事行为能力人、不具有见证能力的人;继承人、受遗赠人;与继承人、受遗赠人有利害关系的人。

3. 自书遗嘱必须全文手写,不要求有见证人。

4. 口头遗嘱仅适用于危急情况,危急情况消除后,口头遗嘱无效,需以其他正式形式立遗嘱。

5. “自书遗嘱”“代书遗嘱”“打印遗嘱”“录音录像遗嘱”“口头遗嘱”“公证遗嘱”一视同仁,数份遗嘱内容相左以最后遗嘱为准。

6. 专业人办专业事,经过公证的遗嘱内容准确、形式完备、证据效力高、遗失和篡改风险低。

7. 遗嘱书写注意要点。

(1)遗嘱核心要素概览:

①立遗嘱人身份:包括立遗嘱人的全名、身份证号码、住址、联系方式等基本信息,以确保遗嘱主体的明确性。

②继承人概况：详细列出所有法定继承人的姓名、关系、身份证号码（如可获取）、住址及联系方式。对于非法定继承人但有意作为受益人的情况，也需明确其身份、与立遗嘱人的关系及意愿。

③遗产详情：不仅需说明遗产的来源，还需详细描述各项财产的具体信息，如房产的详细地址、面积、产权证编号、评估价值；银行存款的开户行、账号、余额；以及其他动产（如珠宝、艺术品、车辆等）的描述、价值及存放地点。

④受益人指定：清晰、明确地指定每位受益人所继承的具体财产及份额，确保无遗漏和歧义。

（2）自书遗嘱的法定要求：

自书遗嘱虽强调私密性和自由性，但也提醒立遗嘱人应注意字迹清晰、表述准确，避免使用模糊或可能引起争议的语言。此外，如果立遗嘱人由于身体原因无法亲自书写，可以考虑采用代书遗嘱或打印遗嘱等其他形式，并遵循相应的法定程序。

（3）公证遗嘱的优势：

公证遗嘱具有更强的正式性和公信力。公证机构会对遗嘱进行严格的审查和核实，确保遗嘱内容的真实性和合法性。此外，公证遗嘱还具有更高的证据效力，在遗嘱纠纷中更容易得到法院的支持和认可。

（4）遗嘱书写的关键注意事项：

财产具体化：除已提及的详细描述外，建议立遗嘱人附上相关证明文件（如房产证、存折等）的复印件或照片作为附件。

继承人明确化：在指定继承人时，可以考虑使用法律术语（如“第一顺序继承人”“第二顺序继承人”等）来确保表述的准确性和专业性。同时，对于复杂的继承关系（如再婚家庭、多子女家庭等），应特别注意避免遗漏或重复指定继承人。

签名与日期规范化：除已提及的签名和日期要求外，立遗嘱人应注意签名的真实性和一致性(如与身份证上的签名一致)。同时,建议立遗嘱人在签名前仔细阅读遗嘱内容并确认无误后再签字盖章。

应对策略:对于面对压力时的情况,建议立遗嘱人寻求法律帮助或咨询专业人士的意见以确保遗嘱的合法性和有效性。同时,提醒立遗嘱人保持冷静和理智避免在压力下作出不理智的决定。

附:遗嘱范例

遗　嘱

立遗嘱人:________,性别________,出生日期________,住址________,公民身份证号码:____________________。

我与________(公民身份证号码:________________)系再婚夫妻。我和前妻________共生育________个子女,分别为________________;________与前夫共生育________个子女,分别为________________;我与继子________共同生活十年有余,已形成抚养关系;我与继女________没有共同生活,也没有形成抚养关系。

我现在和________共同生活,晚年生活主要由________照顾。

我与________共同拥有下列财产:1. 坐落在________的房屋;2. 坐落在________的房屋;3. 坐落在________的房屋;4. ________银行账号________内的存款:________;5. ________公司________%的股份;6. ________村股份经济合作社股份(股权证编号________,股权合计________)。

我年事已高,为避免子女因遗产继承问题发生争议,特立遗嘱如下:

1. 坐落在________的房屋属于我的全部份额,由女儿________继承;上述房屋如被拆迁或征收等,安置、调换的房屋或补偿款及其他全部利益也由女儿________继承。

2. 坐落在________的房屋属于我的全部份额、坐落在________的房屋属于我的全部份额,均由儿子________继承;上述房屋如被拆迁或征收等,安置、调换的房屋或补偿款及其他全部利益也均由儿子________继承。

3. ________存款、________公司股份、________村股份经济合作社股份，属于我的全部财产，均由儿子________继承；上述股权、存款等如有变化，变化后的财产权益也均由儿子________继承。

4. 上述遗产，均作为子女的个人财产，不作为其夫妻共有财产。

立遗嘱人：

年　　月　　日

第三节　意定监护制度：自己的监护人自己选

一、意定监护具体要求

1. 意定监护必须用书面形式来确定，比较有操作性的就是监护人、被监护人双方订立“意定监护协议”，需监护人和被监护人协商一致。

2. 意定监护的监护人、被监护人在订立书面文件时必须都具备完全的民事行为能力。

3. 意定监护的监护人是在被监护人丧失或部分丧失民事行为能力时才能以监护人身份履行监护职责。

4. 意定监护指定的监护人既可以是法定监护人，也可以是其他个人或组织。

5. 目前，意定监护制度还在完善中，被监护人丧失行为能力后，监护人取得监护权可能仍需经过法定的确定监护人程序，所订立的意定监护文书可作为申请取得监护权的依据。

6. 意定监护的监护人不当履行监护职责的，其他依法具有监护资格的个人或组织可申请撤销其监护资格。

二、办理意定监护流程

1. 选择意定监护人

意定监护需要委托人(被监护人)和受托人(监护人)之间充分的信任。并非被监护人一厢情愿单方面想运用就可以实现的。被监护人必须先找到愿意担任其意定监护人的受托人(监护人)。潜在意定监护人可以是近亲属、关系亲密的朋友,也可以是律师或专业的社会监护人,还可以是村民委员会、居民委员会、妇女联合会、民政部门、律师事务所、公益机构等具备监护能力的组织。潜在意定监护人之间没有先后顺序,由于被监护人是将自己将来的监护事务托付出去,自然是选择最为信任的人或组织。委托人(被监护人)在挑选意定监护人时,最好是选择具有一定法律知识和实践经验,具有良好职业化素质和责任能力的专业人士和专业机构。

2. 签订书面协议

监护协议是确立监护法律关系的基本依据,为确保可靠还原被监护人的真实意思,监护协议不能采用口头形式,而必须采用书面形式,包括签字盖章的合同书、信件等,并由监护人和被监护人双方签字确认。委托人与自己信任的受托人(监护人)签订书面意定监护协议,明确约定:由受托人担任委托人丧失或部分丧失行为能力后的监护人。意定监护协议可以约定监护权限及范围、将来监护事务的处理方案、委托人对自己事务的处置偏好等,例如,如果入住养老院,委托人希望住花费不菲的还是住经济实惠型的养老院。方案和偏好的约定不是必需的,但是可以有效地将委托人的意思表示固定并且延伸至自己失能失智后,让被监护人最大限度地称心如意。

如果意定监护协议双方就监护事项、权限、范围、管理方针等内容进行了约定,意定监护人必须依照协议约定管理被监护人的人身财产事务,成年人在管理自己事务的习惯、生活偏好能够延续到失能失智后。如果意定监护协议并未就前述内容进行约定，仅约定了意定监护人的人选，那么实际上成年人是选择了一个自己最信任的监护人，意定监护人的职责范围与通常法定监护人的职责范围是一致的。

3. 进行公证

签订意定监护协议时，可以选择公证。虽然公证不是强制性的，但为了防止将来发生争议，最好的办法就是公证。意定监护不同于意定代理，更要注重安全。意定监护制度要求，在作与被监护人重大利益密切相关的决策时，必须细致地考察被监护人真实意愿，挖掘被监护人残存意思能力，充分尊重被监护人意愿，协助或替代被监护人作出决定。意定监护协议生效后，因被监护人的脆弱性、协议的特殊性和双方的不对等，需要考虑公权力监督的介入。

公证机构在办理公证时，公证员必须确认委托人神志清醒、行为能力健全。公证员全面详细告知委托人意定监护的法律后果和风险，确认委托人表示知情和同意。委托双方就监护人选、监护人职责范围及具体事项等达成书面协议。

公证机构办理意定监护流程如图 4－1 所示。

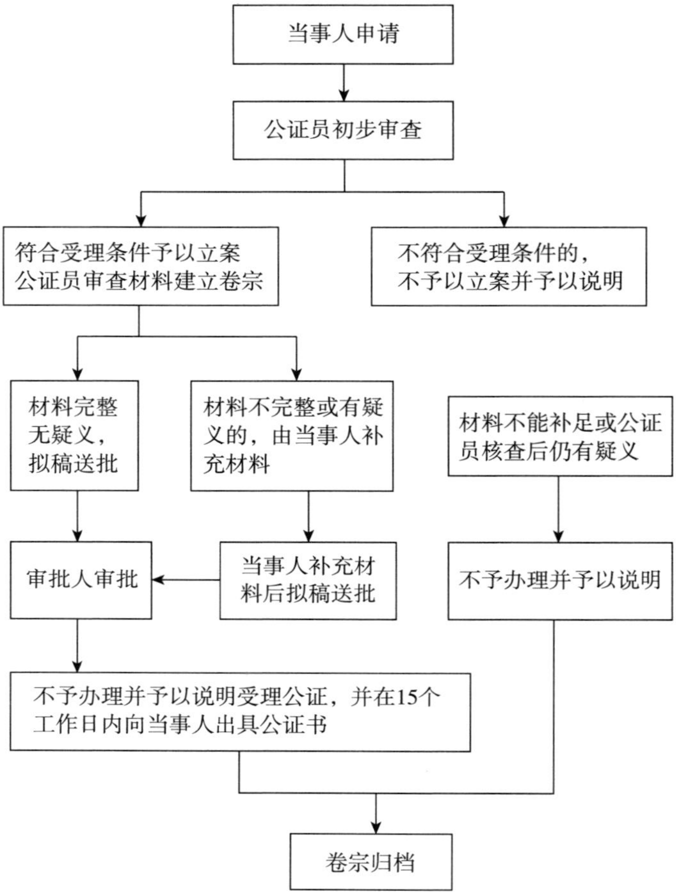

图 4－1　公证机构办理意定监护流程

第四节　养老机构法律合规指南

一、养老机构设立、登记、备案

根据《老年人权益保障法》第 43 条第 3 款的规定，养老机构登记后即可开展服务活动，并向县级以上人民政府民政部门备案。

根据《养老机构管理办法》第11条的规定，养老机构办理备案，应当向民政部门提交备案申请书、养老机构登记证书、符合本办法第4条要求的承诺书等材料，并对真实性负责。

根据《老年人权益保障法》第43条第1款、第2款的规定，设立公益性养老机构，应当依法办理相应的登记。设立经营性养老机构，应当在市场监督管理部门办理登记。登记所需要件，以登记管理机关要求为准。

根据《养老机构管理办法》，营利性养老机构办理备案，应当在收住老年人后10个工作日内向服务场所所在地的县级人民政府民政部门提出。非营利性养老机构办理备案，应当在收住老年人后10个工作日内向登记管理机关同级的人民政府民政部门提出。

社区养老服务机构应当按照建筑、消防、食品安全、医疗卫生、特种设备等法律、法规和强制性标准开展服务活动。提供餐饮、医疗护理等服务的，应当按照相关法律法规，取得相应资质。

民办公益性养老服务机构在民政局社团办进行登记，经营性养老服务机构在市场监督管理局进行登记，公办公营养老服务机构在编制委员会办公室进行登记。

申请时，需要准备以下四类材料：

(1)设置养老服务机构备案书；

(2)备案承诺书；

(3)如经营范围有专业性要求的，还需提供食品经营、卫生、医疗机构执业等证明材料；

(4)企业法人还需提供场所使用权证明。

备案申请书应当包括下列内容：

(1)养老机构基本情况，包括名称、住所、法定代表人或者主要负责人信息等；

(2)服务场所权属；

(3)养老床位数量;

(4)服务设施面积;

(5)联系人和联系方式。

养老机构自持物业的,应拥有房屋产权证明、质量验收合格、房屋安全鉴定报告、消防验收意见书等材料。

养老机构租赁物业的,应有相关房屋租赁合同/协议。

二、运营过程中合规性保障

(一)运营管理

1. 安全管理

依法制订自然灾害、事故灾难、公共卫生事件、社会安全事件等突发事件应急预案,在场所内配备报警装置和必要的应急救援设备、设施,定期开展突发事件应急演练。

依法履行消防安全职责,健全消防安全管理制度,实行消防工作责任制,配置消防设施、器材并定期检测、维修,开展日常防火巡查、检查,定期组织灭火和应急疏散消防安全培训。

2. 财务管理

依照法律规定及所在省市的民政部门出台的养老机构预付费管理办法确定服务项目的收费模式,有效防范养老机构采用会员卡、预付费等方式收取大额费用导致的非法集资风险。

应当依照其登记类型、经营性质、运营方式、设施设备条件、管理水平、照料护理等级等因素合理确定服务项目的收费标准,并遵守国家和地方政府价格管理的有关规定。

建立健全财务管理制度,确保机构资金使用的合规性和透明度。

3. 档案管理

建立健全老年人信息档案,收集和妥善保管服务协议等相关资料。

保护老年人的个人信息和隐私，确保个人信息、档案及相关视频等内容得到严格保密。

4. 人事管理

应配备与服务和运营相适应的工作人员，并依法与其签订聘用合同或者劳动合同，定期开展职业道德教育和业务培训。

养老机构中从事医疗、康复、消防等服务的人员，应当具备相应的职业资格。

应加强对养老护理人员的职业技能培训，建立健全体现职业技能等级等因素的薪酬制度。

（二）服务质量

1. 养老服务

应建立入院评估制度，对老年人的身心状况进行评估，确定护理等级。

应当与老年人或者其代理人签订服务协议，明确当事人的权利和义务，并按照服务协议为老年人提供生活照料、康复护理、精神慰藉、文化娱乐等服务。

应提供符合老年人住宿条件的居住用房，并配备适合老年人安全保护要求的设施设备及用具，定期对老年人的活动场所和物品进行消毒和清洗。

在老年人突发危重疾病时，应当及时转送医疗机构救治并通知其紧急联系人。

2. 膳食服务

提供的饮食应当符合食品安全要求、适宜老年人食用、有利于老年人营养平衡、符合民族风俗习惯。

养老机构内设食堂的，应依法取得食品经营许可证，严格遵守相关法律法规和食品安全标准，执行原料控制、餐具清洗消毒、食品留样等制度，并开展食堂食品安全自查。

养老机构从供餐单位订餐的，应当从取得食品生产经营许可的供餐单位订购,并按照要求对订购的食品进行查验。

3. 医疗服务

养老机构内设医疗机构且已提供医疗服务的,应持有效医疗机构执业许可证。

医师、护士等医护人员应具备相应的执业资质,并办理执业地点登记手续。

医疗机构只能在登记或备案的服务范围内从事诊疗活动,医护人员只能从事本专业内的诊疗活动。

第五节　医疗纠纷解决办法和程序

一、掌握医疗纠纷核心法律规定

医患关系虽然属于医疗服务合同关系,但不属于消费合同,是不保证服务效果的合同关系(如不保证治疗效果)。所以少数患者必须纠正一个错误的观点,付钱看病,医院不是必须把病治好,这在治疗普通疾病时很好理解,因为大家都清楚大部分疾病是不能治愈的;即便是医疗美容,也不是没有达到预期美容效果,医院就合同违约了。这种错误的观点让很多医美失败的患者走法律程序的时候败诉了,其实医院只要提供了医疗美容服务就履行了合同义务,如果没有达到预期美容效果,不属于合同违约。根据《民法典》第1218条的规定,患者在诊疗活动中受到损害,医疗机构或者其医务人员有过错的,由医疗机构承担赔偿责任。这个法条虽然很简单,但是规定了医疗损害的三角关系(医院有过错,患者有损害,过错与损害存在因果关系),即医院承担的是过错责任,那么根据过错原则,由患者举证,同时,过错还要与患者的损害存在因果关系,不是医院有过错就需要赔偿,还需要因过错造成患者的损害;此外,也确认了医方的法律主体为医院,而不是医务人员个人。

二、维权第一步:封存复印病历

医疗纠纷发生后,为什么患方第一件应该做的事情是封存复印病历?因为病历除了是第一手证据,还是初步评估医院有没有过错,过错与损害后果有没有因果关系,责任比例是多少的基本材料,可以说缺少病历,维权无从谈起,即便不走法律程序,也只能以不充分的依据与医院协商赔偿,这是很难维权成功的。如果走法律程序,鉴定机构鉴定医院是否存在过错以及鉴定患者的损害情况,主要也是依靠病历。所以如何固定病历证据并还原诊疗行为是患方最重要的举证工作之一——封存复印病历。那么,如何封存复印病历呢?

(一)提出封存要求

到医院医务科提出封存病历的要求(或医务科下面的医患办或安全办),如果遭拒,可以向该院所在地区的卫健委医政处(科)举报,也可以向卫生监督执法部门投诉,要求卫生行政机关督促医院履行义务,同时还可以作出处罚(一般罚款为 2 万元)。如果是在周末或下班以后要求封存病历,可以要求值班医生通知医院总值班到场,共同进行病历的封存。(注:现在没有主观、客观病历的区分,医院生成的所有病历,患方都可以复印、查阅、封存。)

(二)点清病历页数

调来病历后,由于存在医院可能拒绝患方阅读的要求,故意不给完整病历,特别是病程记录、手术记录、病历讨论记录不愿意出具;而且,病历内容多、专业性强,患方也很难在短时间内看明白,所以患方一定要强调要求封存所有病历,并予以录音录像留证,如有缺页,不认可其他未封存病历真实性,这一点法院是会支持患方的。清点病历页数后在封存的封条或封袋上注明。

(三)制作封存目录

封存袋背面列清封存内容目录(如果封袋上没有目录表格,可以用 A4

纸另行制作目录,一起装入封袋或贴在封袋外面),如病案首页、入院记录、病程记录、手术记录、护理记录……并注明封存为完整病历还是不完整病历,如为不完整病历,最好注明还有哪些病历未封存,因为如果患者还没有出院或封存程序启动比较急,有些病历确实还没有完成书写,无法封存。(注:患方在封存病历时要强调封存完整病历,并予以录音录像留证,告知封存之外的病历不予认可真实性。)

(四)封存及保管

封存的病历如果是复印件,一定要求医院对复印件进行盖章,至少首页与末页盖章,然后加盖骑缝章。病历放入信封或文件袋后,用胶水粘牢所有开口并贴上封条,然后双方在封条上盖章签字,并注明年、月、日。封存的病历资料按照法律规定,由医疗机构保管,可注明封存期限,例如,“三年内没有启动司法程序,医院可自行解封”。

(五)复印一份病历并带走

如果只封存病历,而不复印一份病历带走,虽然达到了固定证据的目的,但非常影响日后维权,因为无论是协商还是走法律程序,都需要分析病历查找医院的过错,针对过错评估医院的责任比例及赔偿金额,特别是请专业的医疗纠纷律师或医学专家分析案情时,必须有病历才能分析。复印带走的病历,也建议要求医院盖章(在实践中,医院对复印件盖章后,不封存病历其实也达到了固定证据的目的,因为有了加盖公章的复印件,医院是不会再修改病历原件了)。

三、让专业人士评估医院是否存在过错

医疗纠纷涉及医学知识,专业性非常强,不是相关专业的人,无法科学地评价诊疗行为。因为对专业知识的不理解,很多医疗纠纷是从认知差异开始的,而不是医疗行为的错误所导致。例如,很多人认为产前检查无异常就可以避免出生错误,如果出生的新生儿有三体综合征,那肯定是医院有过错。

这就是认知差异导致的医疗纠纷,据目前的医疗水平,产前检查还远不能避免畸形新生儿的出生,产前检查也不能完全排除三体综合征。又如,很多患者认为术前只要签字认可了某项手术存在的众多相关风险,术后如果确实发生了这些风险意外,医院就可以不需要承担责任,这也是错误的认知,知情同意是不能够豁免医院过错责任的。所以,患方应当在维权前请专业人士分析一下医方的诊疗行为有无过错,出现某种损害是不是过错导致的,否则,即使存在严重的损害后果,也不一定会有赔偿,同时是为了避免该维护的权益没有被维护到,不该提起的诉讼花费很多人力、财力仍旧败诉了。请专业人士分析病历,不一定是医院的某知名医生,其实医疗行业互助非常扎实,在职的医生一般不愿意为患方分析医院的过错,所以,尽量请有医学背景的专业律师分析病历,因为结合医学与法律来分析病历,更有诉讼或维权指导意义。例如,专业医生可以指出医院 10 处过错,但不一定清楚哪一个过错是可以追责的,另外,对应的损害后果是不是具有维权价值也不一定清楚,但有经验的医疗纠纷律师就可以在分析过错的基础上分析维权可行性。

四、维权方式的选择

(一)协商解决

发生任何民事纠纷协商永远是第一选择,因为成本最低、风险最小,而且耗时往往最短。患方不但可以和医生协商,也可以和医院医务科协商,甚至可以和院长协商,不过就一般医院而言,由医务科或安全办出面协商是最常见的协商方式(走诉讼程序就只能以医院为诉讼主体)。对于过错明显,有可能引起社会舆论的纠纷,医院一般是愿意协商的,例如,核对错误导致吃错药酿成事故;又如,外科手术误伤其他脏器造成伤残。

(二)医疗纠纷人民调解委员会协商

如果医患双方没有解决或没有达成调解协议,患方可以遵从医院或卫生健康委员会的建议申请医疗纠纷人民调解委员会来处理,进入医疗纠纷人民调解委员会调解或进入司法程序后，医院一般会安排法律顾问介入；医疗纠纷人民调解委员会是一个半官方的居中调解机构，没有行政和法律强制力，调解成功率不高，偏向性较强，一般调解时限为 1 个月，可以安排数次调解会议。医疗纠纷人民调解委员会大多会安排自己的专家组对案件进行初步的评估，给出一个是否有医疗过错及责任比例的意见，然后根据这个意见建议双方达成赔偿协议。当然，通过第三方平台调解的，也不限于医疗纠纷人民调解委员会，派出所、司法所、卫生健康委员会均可主持司法调解或行政调解，但这些平台没有医疗纠纷人民调解委员会那样专业。

（三）司法程序

如果双方调解意愿低或通过各个方式调解不成功，应直接起诉为宜。根据相关法律，当事人既可以申请医疗事故鉴定，又可以申请医疗损害司法鉴定，两者不为替代关系，可先后进行（如果进入诉讼程序，医学会不再受理医疗事故技术鉴定），所以，医疗事故鉴定出来后如果协商不成或对鉴定意见不服，通过法院又可以再申请医疗损害司法鉴定（医患双方都可以申请）。医疗事故鉴定直接向医院所在地卫生健康委员会医政科申请即可，由市级医学会鉴定（可以申请异地医学会鉴定，但异地其实也在本省），如果对鉴定意见不服，15 个工作日内可申请省级医学会鉴定。对医疗事故技术鉴定意见不服或想把所有维权事务交给律师的，可以直接走诉讼程序，由律师直接向法院起诉，申请司法鉴定，法院会委托司法鉴定机构进行医疗损害鉴定，并根据鉴定意见判决。但这一过程会存在耗时长（多超过 1 年以上）、鉴定费用高（1 万～1.5 万元）、需要承担律师费等问题，当事人可以根据自身的情况综合考虑。

五、维权过程中的注意事项

（一）卫生健康委员会一般不会介入解决医疗纠纷

卫生健康委员会虽然是管理医疗机构的行政部门，但是它只会对医院违法违规的行为进行纠正或处罚。例如，医院不应患方要求封存复印病历，医院伪造、篡改病历，超范围行医、无证行医，等等，对于没有医院违法违规的医疗纠纷，卫生健康委员会一般都建议自行协商或走司法程序，因医疗过错导致损害的纠纷，卫生健康委员会认为这只是民事纠纷，而且涉及专业知识，一般都要求患方做司法鉴定或医疗事故鉴定。所以，如果医院没有违法违规的行为，不建议投诉到卫生健康委员会，不过要求通过卫生健康委员会委托死因鉴定（尸检）或医疗损害司法鉴定、医疗事故技术鉴定的，还是可以找卫生健康委员会。

（二）公安机关一般不会介入解决医疗纠纷

医疗纠纷一般不涉及刑事犯罪或行政处罚，所以单纯就医疗损害找公安机关（拨打“110”报警电话或到派出所报案）解决，他们都不会管，因为这是民事纠纷，但当需要调取监控视频（往往只有公安机关布置的监控才有权调取），或纠纷引发了争吵、打架斗殴时，这就是公安机关管辖的事务了，但公安机关依旧不会对纠纷本身进行介入处理，最多居中调解。只有当存在非法行医罪时，公安机关才会介入，并建议进行司法鉴定对案件进行定性后再确定是否立案。

（三）杜绝“医闹”行为

“医闹”是指借炒作医疗纠纷而获得非法利益的行为。发起“医闹”的一般为患者、患者亲属、受雇于患方以非法获利为目的的组织或个人。哪些行为会被认定为“医闹”行为呢？各地区对于“医闹”的规定并不一致，但大同小异，其核心就是患者的维权行为扰乱了正常的医疗秩序，对医疗机构或医务人员有侵权行为，谋取利益：（1）在医疗机构内殴打医务人员或者故意伤害医务人员身体、故意损毁公私财物；（2）在医疗机构私设灵堂、摆放花圈、焚烧纸钱、悬挂横幅、堵塞大门或者以其他方式扰乱医疗秩序；（3）在医疗机构的病房、抢救室、重症监护室等场所及医疗机构的公共开放区域违规停放遗体，影响医疗秩序；（4）以不准离开工作场所等方式非法限制医务工作人员人身自由；（5）公然侮辱、谩骂、诋毁、恐吓医务工作人员；（6）非法携带枪支、弹药、管制器具或者爆炸性、放射性、毒害性、腐蚀性等危险物品进入医疗机构；

(7)故意扩大事态,教唆他人实施针对医疗机构或者医务人员的违法犯罪行为,或者以受他人委托处理医疗纠纷为名实施敲诈勒索、寻衅滋事等行为;(8)其他严重影响医护人员正常工作,对正常的医疗秩序造成扰乱的经劝阻无效且依法应当予以处理的行为。

第六节 常见的老年人维权渠道

一、调解途径:和谐化解纷争

当老年人与家庭成员之间围绕赡养、扶养义务,或住房分配、财产管理等议题产生分歧与纠纷时,他们可积极寻求家庭成员所在地社区组织或(村)居民委员会的协助,利用调解机制,以和平友好的方式化解矛盾。此外,各级老龄工作机构作为老年群体的坚实后盾,同样敞开大门,欢迎老人们在权益受损时,向其反映情况,请求其介入调解,对侵权者进行必要的批评教育与引导,力求从根本上纠正不当行为,恢复家庭和谐。

二、诉讼渠道:捍卫法律权益

面对合法权益遭受侵害的情形,老年人亦享有直接向人民法院提起诉讼的权利,以法律武器捍卫自己的尊严与利益。若因经济拮据难以承担律师费用,不必担忧,可向司法行政机关递交法律援助申请,经严格审查确认符合条件后,法律援助机构将指派专业律师,为老年人提供全程免费、专业的法律服务。至于诉讼费用,若确有困难,老年人可凭借当地村、镇出具的困难证明,向法院申请缓交、减交乃至免交诉讼费用,确保每位老人都能平等地接近正义。

三、行政与刑事制裁:严惩不法行为

对于拒不履行赡养义务,甚至遗弃老年人的恶劣行为,以及任何形式的

侵犯老年人财产、干涉其婚姻自由等违法行为,若已触及治安管理范畴,相关部门将依法给予相应的行政处罚,以儆效尤。而对于情节极其严重,构成刑事犯罪的案件,司法机关将毫不姑息,坚决依法追究犯罪嫌疑人的刑事责任,通过法律的严惩,维护社会公平正义,保障老年人的合法权益不受侵犯。

第七节　法院诉讼程序与老年人案件受理

一、法院诉讼程序

诉讼程序是一种法律程序,涉及司法机关和案件当事人以及其他诉讼参与人,为解决案件而分阶段且相连贯地顺次进行的全部活动,以及由此产生的诉讼关系的总和。按解决冲突的内容可以把诉讼程序细分为刑事诉讼程序、行政诉讼程序、民事诉讼程序三类。

(一)民事诉讼的起诉与受理程序

法院受理民事诉讼案件的范围是个人、集体、单位三者之间因财产关系或是人身关系引起的民事诉讼,如婚姻纠纷、债务纠纷、劳务纠纷等。

必须符合的条件:

(1)原告是与本案有直接利害关系的公民、法人和其他组织;

(2)有明确的被告;

(3)有具体的诉讼请求和事实、理由;

(4)属于人民法院受理民事诉讼的范围和受诉人民法院管辖。

(二)原告须向法院提交的材料

1. 起诉状,并按照被告人数提出副本;起诉状须经原告的亲笔签名(原告是自然人)或盖章(原告是法人或其他组织)。书写起诉状确有困难的,可以口头起诉,由人民法院记入笔录,并告知对方当事人。

注:起诉状应当记明下列事项:

(1)当事人的姓名、性别、年龄、民族、职业、工作单位和住所、联系电话,法人或者其他组织的名称、住所、联系电话和法定代表人或者主要负责人的姓名、职务;

(2)诉讼请求和所根据的事实与理由;

(3)证据和证据来源,证人姓名和住所。

2. 与所诉事实有关的书面证据(包括其他形式的证据)。

3. 原告是自然人,提交其户籍、身份证明材料;原告、被告是法人或其他组织,分别提交其工商登记资料或营业执照、法定代表人身份证明书。

(三)法院对个别情形的处理

1. 依照《行政诉讼法》的规定,属于行政诉讼受案范围的,告知原告提起行政诉讼;

2. 依照法律规定,双方当事人对合同纠纷自愿达成书面仲裁协议向仲裁机构申请仲裁、不得向人民法院起诉的,告知当事人向仲裁机构申请仲裁;

3. 依照法律规定,应当由其他机关处理的,告知原告向有关机关申请解决;

4. 对不属于本院管辖的案件,告知原告向有管辖权的人民法院起诉;

5. 判决、裁定已经发生法律效力的案件,当事人又起诉的,告知原告按照申诉处理,但人民法院准许撤诉的裁定除外;

6. 依照法律规定,在一定期限内不得起诉的案件,在不得起诉的期限内起诉的,不予受理;

7. 判决不准离婚和调解和好的离婚案件,判决、调解维持收养关系的案件,没有新情况、新理由,原告在6个月内又起诉的,不予受理。

(四)法院收到起诉状后

1. 人民法院在审查立案中,发现原告证明其诉讼请求的主要证据不具备的,应当及时通知其补充证据。收到诉状的时间,从当事人补交有关证据来之日起开始计算。

2. 对经审查不符合法定受理条件，原告坚持起诉的，法院在7日内裁定不予受理；原告对裁定不服的，可以提起上诉。

3. 经审查认为起诉符合受理条件的，根据案件的不同情况，由负责审查起诉的审判人员决定立案或者报庭长审批。重大疑难案件报院长审批或者经审判委员会讨论决定。

4. 起诉经审查决定立案后，法院应当在7日内立案：编立案号，填写立案登记表，计算案件受理费，向原告发出案件受理通知书，并书面通知原告预交案件受理费。

5. 决定立案后，立案庭在2个工作日内将案件移送有关审判庭审理，并办理移交手续，注明移交日期。经审查决定受理或立案登记的日期为立案日期。

二、行政诉讼的起诉与受理程序

行政诉讼是指公民、法人或者其他组织认为行政机关的行政行为侵犯其合法权益，向人民法院提起诉讼，人民法院依法予以受理、审理并作出裁判的活动。

（一）人民法院受理公民、法人和其他组织对下列具体行政行为不服提起的诉讼

1. 对拘留、罚款、吊销许可证和执照、责令停产停业、没收财物等行为处罚不服的；

2. 对限制人身自由或者对财产的查封、扣押、冻结等行为强制措施不服的；

3. 认为行政机关侵犯法律规定的经营自主权的；

4. 认为符合法定条件申请行政机关颁发许可证和执照，行政机关拒绝颁发或者不予答复的；

5. 申请行政机关履行保护人身权、财产权的法定职责，行政机关拒绝履行或者不予答复的；

6. 认为行政机关没有依法发给抚恤金的；

7. 认为行政机关违法要求履行义务的；

8. 认为行政机关侵犯其他人身权、财产权的。

（二）人民法院不受理公民、法人或者其他组织对下列事项提起的诉讼

1. 国防、外交等国家行为；

2. 行政法规、规章或者行政机关制定、发布的具有普遍约束力的决定、命令；

3. 行政机关对行政机关工作人员的奖惩、任免等决定；

4. 法律规定由行政机关最终裁决的行政行为；

5. 公安、国家安全等机关依照《刑事诉讼法》的明确授权实施的行为；

6. 调解行为以及法律规定的仲裁行为；

7. 不具有强制力的行政指导行为；

8. 驳回当事人对行政行为提起申诉的重复处理行为；

9. 对公民、法人或者其他组织、权利、义务不产生实际影响的行为。

（三）必须符合的条件

1. 原告认为行政机关和行政机关工作人员的行政行为侵犯其合法权益的公民、法人或其他组织；

2. 有明确的被告；

3. 有具体的诉讼请求和事实根据；

4. 属于人民法院收案范围和受诉人民法院管辖。

（四）提交的材料

应提交的书面材料参照民事诉讼相关规定。

（五）法院收到起诉后

经审查，法院应当在 7 日内立案或者作出裁定不予受理。原告对裁定不服的，可以提起上诉。

三、刑事自诉的起诉与受理程序

根据《刑事诉讼法》第210条的规定，是指被害人、被害人的法定代理人、近亲属为了追究被告人的刑事责任而直接向人民法院提起的诉讼。自诉案件，是“公诉案件”的对称。

（一）必须符合的条件

1.告诉才处理的案件。

此类案件有5项：（1）侮辱案（严重危害社会秩序和国家利益的除外）；（2）诽谤案（严重危害社会秩序和国家利益的除外）；（3）暴力干涉婚姻自由案；（4）虐待案；（5）侵占案。

2.被害人有证据证明轻微刑事案件。

此类案件有8项：（1）故意伤害案（轻伤）；（2）重婚案；（3）遗弃案；（4）妨害通信自由案；（5）非法侵入他人住宅案；（6）生产、销售伪劣商品案（严重危害社会秩序和国家利益的除外）；（7）侵犯知识产权案件（严重危害社会秩序和国家利益的除外）；（8）属于《刑法》分则第四章、第五章规定的，对被告人可能判处3年以下有期徒刑刑罚的案件。

3.被害人有证据证明对被告人侵犯自己人身、财产权利的行为应当依法追究刑事责任，而公安机关或者人民检察院不予追究被告人刑事责任的案件。

4.属于本院管辖的。

5.刑事案件的被害人告诉的。

6.有明确的被告人、具体的诉讼请求和能证明被告人犯罪事实的证据。

如果被害人死亡、丧失行为能力或者由于受强制、威吓等无法告诉，或者是限制行为能力人以及由于年老、患病、盲、聋、哑等原因不能亲自告诉，其法定代理人、近亲属代为告诉的，人民法院应当依法受理。

由于上述原因被害人不能告诉，由其法定代理人、近亲属代为告诉的，代为告诉人应当提供与被害人关系的证明和被害人不能亲自告诉的原因的证明。

(二)人民法院经审查有下列情形之一的,应当说服自诉人撤回起诉,或者裁定驳回起诉

1. 不符合上述第1~3项条件的;

2. 证据不充分的;

3. 犯罪已过追诉时效期限的;

4. 被告人死亡的;

5. 被告人下落不明的;

6. 除因证据不足而撤诉的以外,自诉人撤诉后,就同一事实又告诉的;

7. 经人民法院调解结案后,自诉人反悔,就同一事实再行告诉的。

(三)自诉人应当向人民法院提交刑事自诉状

1. 自诉书写自诉状确有困难的,可以口头告诉,由人民法院工作人员作出告诉笔录,向自诉人宣读,自诉人确认无误后,应当签名或者盖章。如果被告人是2人以上的,自诉人在告诉时需按被告人的人数提供自诉状副本。

2. 内容:

(1)自诉人、被告人、代为告诉人的姓名、性别、年龄、民族、出生地、文化程度、职业、工作单位、住址、联系电话;

(2)被告人犯罪行为的时间、地点、手段、情节和危害后果等;

(3)具体的诉讼请求;

(4)致送人民法院的名称及具状时间;

(5)证人的姓名、住址及其他证据的名称、来源等。

(四)刑事自诉立案

人民法院应当在收到自诉状或者口头告诉第二日起15日内作出是否立案的决定,并书面通知自诉人或者代为告诉人。

第六章

对策与展望

在老年人口比例大幅增加、老龄化社会危机显现的背景下，从立法、司法到执法各个环节都需要重视构建全方位运行机制系统。本章将从老年法援制度、适老型诉讼特别程序等角度，阐述老龄化背景下对司法适老化的对策和展望。

第一节　关于建立老年人法律援助制度

随着法律法规的不断完善和健全，法律援助的需求也在不断增加，作为民生工程的一个重要组成部分，法律援助可以帮助弱势群体通过法律手段维护自身合法权益。但是从实际情况来讲，紧张的公共法律服务资源不能满足快速增长的法律服务需求，而且我国老年人口规模不断扩大、数量不断上升。因此，保障老年人的法律权益是法律援助的重点，如若能够有效解决老年人法律援助的难题，那么将对我国公共法律服务水平的提升有所帮助。

一、老年人法律援助制度的发展

国务院在《“十三五”国家老龄事业发展和养老体系建设规划》中明确提出建立以老年人法律援助扩大机制为中心思想的老年人法律援助规划，包括建立维权热线、发展老年人专项法律援助等一系列内容。在“十四五”中，进一步强调对特殊困难老年人（如遭遇经济困难、家庭暴力或遗弃等）的法律援助服务，要提供便捷、有效的帮助，特别是在司法救助方面优先处理，并且要完善公共法律服务体系，包括推动法律服务平台适老化改造，为老年人提供更便捷的法律咨询和援助通道，如电话服务或上门咨询。老年人法律援助的发展是在世界法律援助发展规律的框架中进行的。因此，笔者认为，中国的老年人法律援助扩大机制，是指由政府主导并鼓励社会积极参与，在保障老年人基本人权的前提下，以老年人实际需求为导向，向援助客体范围的扩张和专业化、跨领域化方向发展，以提高我国老年人权利保障水平，维护老年人基本尊严，促进老年人的积极社会参与。

老年人法律援助扩大机制的责任承担主体是政府，同时离不开社会的积极参与。将责任主体限定为政府，是与我国作为《公民权利和政治权利国际公约》（International Covenant on Civil and Political Rights，ICCPR）签约国以及具体的法治实践相适应的。然而，法律援助本质上是国家对有限的法律资源的分配，必然受到国家能力的制约，故积极的社会参与是重要的补充力量。

在相当长的一段时间内，除中央专项彩票公益金法律援助项目外，很难在我国找到其他老年人专项法律援助服务。2015 年以后，老年人专项法律援助开始萌芽，主要表现在以下几点。

第一，开通快速法律援助通道。各司法援助机构先后为老年人开通绿色通道，优先受理老年人法律援助申请，提供优先接待、优先解答、优先受理、优先审查、优先指派援助律师与基层法律服务工作人员等服务。

第二，建立老年人法律援助专项服务团队。一些地方专门选拔了一批对老年人案件经验丰富、熟悉相关法律法规、对老年人有爱心、工作细心周到、了解老年人的心理状况的律师，专业、专职为老年人提供诉讼援助服务。

第三，开辟老年人法律援助专项服务项目。如全国各级司法行政机关在司法部与全国老龄办的领导部署下开展的“夕阳幸福工程 · 法律援助在行动”专项活动，北京方圆公证处为老年人提供的专项公证的援助项目，安徽省肥西县司法鉴定中心为老年人免费提供医疗纠纷、伤残评定、文书笔迹、交通事故等方面的专项司法鉴定服务项目。

第四，探索老年人“法律服务＋社会工作”的特殊工作模式。如借助信息化与互联网技术，苏州市司法局与姑苏区居家养老服务中心筹备建立老年人法律服务项目，将社会工作与法律援助朝有机融合的方向发展。

引入多元人力与资金，建立多元化的法律援助格局，是老年人法律援助扩大机制的必由之路。当前，我国对老年人的法律援助基本上形成了以基层法律援助机构为中心，以老龄工作委员会办公室、民政局、律师事务所、公证处、鉴定机构、老年人社会公益组织等为辅助力量，在出资及人员合作上为老年人提供不同形式、不同内容的多元法律援助服务格局。如北京国联老年人法律援助与研究中心，就是在 2015 年 2 月由司法行政部门扶持成立，依托律师事务所，由其自有资源与资金保证其正常运行的公益机构。

我国老年人法律援助已经走上了一条国家责任化、客体范围扩张化、专业化与跨领域化合作的道路。首先，我国老年人法律援助走的是一条国家责任化道路。在实践中，参与机构不仅包括以立法机构，行政机构与党政机构为代表的公权力主体，还包括以民间自治组织为代表的社会权利及私权利主体。老年人法律援助基本形成了党政机关牵头，司法行政机关主要负责，立法机构为重要支撑，老龄机构、信访机构、基层调解组织、养老机构、律师事务所等为重要辅助力量的国家联盟。其次，我国老年人法律援助走的是一条客体范围扩张化道路。如前文所述，各地实践使我国老年人法律援助事业在援助渠道、援助案件范围、受援门槛、服务内容和援助程序方面都得到了扩张。再次，我国老年人法律援助专业化得到了一定发展。这样的提升，是通过建立独立援助标准、专门援助机构、专门援助团队、专门援助案件范围和服务内容实现的。最后，我国老年人法律援助跨领域化合作正步入正轨。跨领域化合作主要表现在三个方面：一是法律工作与政治工作的合作，主要体现为信访工作与法律援助工作的结合;二是法律工作与社会工作的合作,主要体现为法律援助服务与社会照顾服务的结合;三是法律工作与多元化纠纷解决工作的合作,主要体现为法律援助诉讼与调解解决方式的结合。

以广东东莞为例,近年来通过实施前文所述的相关措施,2024 年,东莞市法律援助处共受理法律援助案件 1.25 万多宗,同比增长 16.24%。(数据来源:东莞普法)《2023 年度国家老龄事业发展公报》也披露,2023 年我国共组织办理老年人法律援助案件 9.72 万件,同比增长 4%。老年受助案件持续增长,老年人权益得到进一步的保护。

二、老年人法律援助制度存在的不足

老年人法律援助扩大机制的探索过程依然存在以下问题。

(一)"同案不同援"

根据《老年人权益保障法》第 56 条的规定,老年人法律援助并不是一项强制义务,而是司法部门的行政管理行为。因此,单从现行立法体系来说,各地对老年人设置不同的法律援助门槛无可厚非。然而,法律援助更多源于对"实质平等"与公平正义的追求,只是并非每一种利益与价值的追求都同等重要。一般认为,经济利益的不平等远小于生命、身体与人格利益的不平等。正因如此,欧洲人权法院才认为民事法律援助义务只是一项有限制的义务,只有在那些法律援助的有无与案件结果关系重大的复杂案件中,国家才须承担提供援助的责任。[①] 也就是说,对民事法律援助的平等性追求远不及刑事法律援助重要。各地对老年人设定不同法律援助门槛时,在民事领域形成的"差别待遇"是一种可接受的"不平等",但在刑事领域则是不能接受的。

---

① 数据来源:2014~2018 年《成都市 2014 年老年人口信息和老龄事业发展状况报告》,载《成都日报》2015 年 6 月 13 日,第 4 版;《成都市 2015 年老年人口信息和老龄事业发展状况报告》,载《成都日报》2016 年 5 月 19 日,第 4 版;《成都市 2016 年老年人口信息和老龄事业发展状况报告》,载《成都日报》2017 年 5 月 16 日,第 7 版;《成都市 2018 年老年人口信息和老龄事业发展状况报告》,载《成都日报》2018 年 5 月 22 日,第 7 版。

当前,我国的地方性法律援助条例的刑事援助范围差异较大。尽管大多数地方基本遵从《法律援助条例》规定的刑事法律援助范围,但少数地方,如广东省将被告人智力残疾、共犯、重大社会影响、抗诉等《法律援助条例》未规定的内容也纳入刑事法律援助范围。

此外,《法律援助条例》和各地方性法律援助条例都将刑事领域的法律援助以"经济困难"作为认定条件。而由数据可知,当前各地政策中执行的不同经济困难认定标准,无疑会引起老年人刑事法律援助领域的不平等。最后,那些突破经济困难认定、采用不同类型的认定标准的地方实践只会进一步加深老年人刑事法律援助的混乱程度。可见,因法律与政策援助标准、援助范围不同,我国老年人刑事法律援助已经形成"同案不同援"局面,新一轮类似"同命不同价"的争议已经产生,老年人法律援助陷入了新的权利保护困境与伦理困境。

(二)专项援助项目开发力度不足

第一,开通老年人法律援助"绿色通道"、优先解决老年人法律需求的做法,对于占据我国总人口近1/5的庞大老年人群体来说远远不够。第二,法律援助热线的功能未得到有效发挥,不能满足老年人法律援助服务需求。数据表明,各地"12348"法律援助热线平均通话时长普遍在6~8分钟内,如此短的时间不足以解决问题。至于那些建立了老年人法律援助中心并同时开通援助专线的地方,也存在接待能力有限、知晓度不广及利用率低等问题。以经济较发达的江苏省为例,2007~2017年,该地法律援助中心共接待求助老人1700多人,年均仅170人。第三,老年人专项法律援助项目呈现运动式、碎片化和浅显化的特征。中国政府网、《2023年度国家老龄事业发展公报》等平台和资料显示,近年来,尽管老年人法律援助项目有所推进,但专项开发力度仍然不足,主要表现在覆盖范围、服务深度和专业化水平上。2023年的数据显示,全国共办理老年人法律援助案件9.72万件,同比增长4%。虽然这一数据表明服务数量有所增长,但相比全国超过2.1亿的老年人口规模,援助覆盖比例仍较低。无论是地方还是中央法律援助机构的专项项目(除中国法律援助基金会彩票公益金项目下的老年人项目外),都缺少可持续性,发展计划鲜有系统性、深入性的探索与推广项目。

(三)援助理念僵化

从各地老龄化统计公报不难看出,老年人法律援助不是一个独立、固定的内容板块,它经常与信访、调解等司法行政机关管理的其他问题被一并提及;各地老年人法律援助的关注点也通常局限于诉讼案件,较少关注非诉法律援助。

我国老年人法律援助的思维模式也较为僵化。当前,为老年人提供的法律援助服务的思维被固定为"事后解决"模式。然而,许多研究和调查表明,尽管存在一定的地区差异,老年人面临的法律问题高度集中。美国 20 世纪 90 年代的调查发现,在接受法律援助的老年人群体中,医疗政府福利、保险和剥削是法律援助需求最大的领域,并且有相当高程度的一致性。① 在我国,长期以来,老年人都面临赡养、婚姻、继承、住房与医疗等法律问题。上海市静安区法院《2020 年度涉老民事案件审判白皮书》显示,2011 年至 2020 年十年间,法院受理的涉老民事案件中,数量排前三位的案由分别是民间借贷纠纷 3386 件、相邻关系纠纷 760 件、离婚纠纷 759 件。案由类型相对集中。因此,老年人的法律援助完全可以用事前预防的思维提供服务,而不是消极等待问题出现。

(四)多元化援助格局有限

整体来看,当前的多元化法律援助格局还是有限的多元化,主要表现在以下三个方面。

一是资金来源"单极化",财政支持一家独大。2015 年以前,我国法律援

---

① 彭锡华:《法律援助的国家责任——从国际人权法的视角考察》,载《法学评论》2006 年第 3 期。

助资金来源格局就是政府财政一家独大的局面。[①] 2015 年以后，在中央层面，政府拨款依旧是司法部法律援助资金的唯一来源。而在地方层面，这种情况也没有实质性的改变。如数据所示，有学者抽取东、西、南、北、中部地区的省级司法厅数据进行调查，发现除经济发达的东部上海市，2017 年法律援助资金收入有约 0.4% 来源于政府以外的其他渠道，其余都是依靠政府全额拨款支持。

二是合作机构范围与类型有限。在实践中，大量老年人的问题并不是单独意义上的法律问题，它可能是法律与公共政策问题的结合，或是单独涉及公共政策的"准法律问题"，这些问题完全可以通过公共政策与福利机构提供的服务来解决。然而，目前鲜有法律援助机构和公共政策与福利机构建立常规协作的实践。司法行政机关在老年人法律援助领域"孤军奋战"已久，遇到老年人遭遇养老金、医疗金或者福利问题时，援助服务质量与效果便大打折扣。

三是法律援助服务人员单一。尽管老年人遇到的法律问题不同，但大多数是比较简单的法律咨询。在我国当前法律援助机构基本依靠基层法律工作人员与律师的情况下，一方面，基层法律服务工作人员因法律专业知识欠缺在处理法律问题时力不从心；另一方面，执业经验丰富的律师往往不愿意在简单案件中浪费大量时间，消极参与法律援助的情形较多，造成法律援助服务人员单一的问题。

三、完善老年人法律援助制度的建议

应构建以法益价值衡量为基础的缓步扩大机制，在资源有限与价值保护的平衡下，优先性、统一性、差异性和平衡性应成为国家在承担法律援助义务时必须衡量的课题。

---

① 数据来源于 2016～2018 年司法部年度决算。

1. 完善老年人法律援助扩大机制,应注意不同案件关涉的基本权利与价值,建立以法益价值衡量为基础的缓步扩大机制。刑事法律援助关涉人的基本权利,老年人法律援助应当首先在刑事领域统一标准。要通过完善的资金配套制度,保证各地在有关老年人的刑事法律援助时有充足的资金支持。笔者认为,在刑事法律援助领域,应当首先建立以刑事法律援助案件量为计算标准的财政支出体系。通常来说,刑事法律援助的案件量往往在法援案件总量中占到重要比重,因此,从刑事法律援助入手,统一老年人刑事法律援助门槛具有财政资源的可行性,平等保障老年人法律刑事法律援助实现后,可以逐步向行政、民事案件扩散。

2. 深入发展老年人专项法律援助项目,需要逐步实现规模化、专业化。要在现行政府援助机构网络基础上,整合援助资源设立专门的老年人法律援助分管部门;在现行非政府老年人专项法律援助机构与组织基础上,继续扩大专项项目的设立。加强政府与非政府的专业化援助合作,对老年人常见的纠纷,通过专人专项资金开发服务项目。

3. 改进我国老年人法律援助热线服务。未来,我国应设立老年人专项法律援助热线,目标是通过热线解决大多数老年人的法律问题。为保证热线援助的质量,要建立完备的配套机制,包括信息确认与审核、法律问题快速定位指南、案件分流、效果跟踪、案件质量控制等。信息确认与审核要求与社区自治组织、户籍部门、民政部门、社会保险机关等相关部门通过信息技术实现信息共享。定位法律问题需要在大量总结的基础上制定详细的问题清单建立起相关法律问题的快速回应机制。案件分流是根据具体情况将案件分为简单类与复杂类,前者可由援助中心工作人员及其他相关人员处理,后者则由专业律师提供服务。效果跟踪与案件质量控制则要求援助机构实现案件处理过程的信息化,并在详细的评估规则下建立常规化审查与考评机制。

4. 探索建立老年人预防法律援助服务也是打破思维定式的一味良方。

预防法律服务最初由 20 世纪 40 年代被誉为美国“预防法之父”的路易斯·布朗(Louis M. Brown)提出。预防法理论认为,可以在纠纷发生的早期发现问题,通过简单的非诉手段及很少的成本解决纠纷,避免问题扩大带来巨大财产损失或者案件进入耗时、耗钱的诉讼程序。简单地说,它就像早期诊断和治疗可以让病人远离急诊室一样。[①] 老年人法律纠纷是预防法的一个绝佳适用领域,主要原因如下:第一,许多老年人的法律需求可以规划为中心,而规划是预防法的本质,如老年人经常面临房屋规划、财产分割、婚姻规划、遗嘱、赡养规划等;第二,我国老年人群体庞大,可充分保证老年人预防法律服务的市场规模;第三,老年人处理纠纷的主要动机是解决零碎问题,且老年人法律问题具有广阔性与复杂性,与预防法有本质上的适应性;第四,借助现代信息技术与法律大数据分析,完全可以建立起老年人法律问题的大数据面相模型,辅助老年人法律援助部门对各地老年人问题进行综合性法律诊断,并在此基础上制作出一整套老年人法律风险“预防药方”,未来可以地方性试点的方式对该项服务展开探索。

5. 宏观上来看,完善老年人法律援助多元化格局还可以从多元的社会主体入手。首先,国家可以加强老年人法律援助领域的社会化参与,并尝试建立社会保障机制。商业机构与组织进入公益领域的最主要障碍是可回报利益低,但加深市场营利机构与组织在老年人法律援助领域的参与度,一定程度上可以满足其利益可回报性的要求。例如,将社区(村镇)建设作为入手点,可以较好地解决这个问题。地方企业通过给当地社区(村镇)的老年人法律援助注入资金或者直接提供法务人员、律师来解决老年人的法律问题,不仅可以在本区域收获良好口碑,也可以实现社会公益与企业盈利需求的双赢。至于社会保障机制,可以通过发行法律援助公益彩票,尝试将法律保险纳入老年人社会保障体系等。

---

① 数据来源于上海市司法局、四川省司法厅等 2016 年、2018 年年度部门决算。

其次，完善老年人法律援助领域的部门间合作。在现有基础上，要着重将公共政策与社会福利机构加入多元化格局中。凡是涉及养老医疗社会保险、军人福利的纠纷，可由负责该领域的主管部门解决。需要明确的是，这种推介服务需要建立充分的机构信息披露机制，为老年人提供有关机构处理问题的相关信息。

最后，探索建立常态化的律师助理参与援助制度。要建立一支常规的专业力量，填补前文“高不成低不就”的人员问题，通过专业化和制度化手段提高老年人法援服务的效率和覆盖面。这种模式不仅能够缓解法律援助资源紧张的问题，还能为法律行业新人提供实践机会，优化人力资源配置。

第二节　关于推进适老型诉讼的特别程序

一、“适老型”诉讼服务

“时代在发展，司法要前行”，但不变的是以人民为中心的发展理念，是司法的公正与效率。近年来，我国老龄人口的数量和比例都在持续增长。人口老龄化不仅影响经济、社会和政治体系，也带来许多挑战和问题。如何在司法活动中做到“老吾老以及人之老”，让“老小孩们”真正感受到司法公平公正，河北省围场法院四合永人民法庭近年来的“适老型”诉讼服务给出了一个优秀的答案。下文将通过介绍四合永人民法庭的“适老型”诉讼服务，对适老型诉讼特别程序的架构提出建议。

如何提高养老等基本公共服务水平，大力发展社会事业的要求，回应新形势下人民群众对司法的新需求，有效处理好涉老案件，化解家庭矛盾，实现案结事了，成为提高法院当前工作的一个新课题。为此围场法院为“老有所养，老有所为”的助老理念专门召开党组会议，对此类案件进行研究分析，按照一方当事人年龄在65周岁及以上为统计依据，对相关家事案件中涉老案件进行研究分析，发现目前涉老家事案件表现出案件数量逐年增多、案件分布领域相对集中等特征。一是涉老案件主要民事案由为机动车交通事故责任纠纷、民间借贷纠纷、买卖合同纠纷、离婚纠纷、追索劳动报酬纠纷等。2015～2023年围场法院共受理民事案件55,137件，其中，涉65周岁以上老年人案件8821件，占比15.99%，调解案件1768件，占比20.04%。另外，因网络购物、投资理财引发的涉老纠纷逐渐涌现，高龄离婚案件也逐渐增多。二是涉老民事案件处理难度日益加大，在涉老案件审理过程中，基于老年人的年龄和心理特点，无论是举证、质证还是配合法院调查均存在一定的困难，因此，法院释明工作尤为重要。同时，在离婚、继承、析产等家事案件中，帮助老年人在内的家庭成员化解对立情绪，做好心理疏导，成为处理此类纠纷的关键环节。三是涉老刑事犯罪日渐复杂。2015～2023年围场法院共受理刑事案件2276件，其中，涉65周岁以上老年人案件84件，占比3.69%。以老年人为犯罪对象的刑事案件所涉罪名主要为诈骗罪，集资诈骗罪，非法吸收公众存款罪，生产、销售、提供假药罪等。且随着犯罪手段智能化、网络化，老年人掌握的科技信息、知识量有限，往往难以识破骗局，以老年人为对象的诈骗案件呈多发趋势。

通过对涉老案件特点的分析，四合永人民法庭以"枫桥经验"为蓝本，进一步推进基层司法工作的创新发展，针对辖区情况对适老型诉讼服务进行了研析，并提出策略：一是建立涉老案件立案绿色通道机制。对一方当事人为65周岁以上老年人的民商事案件可设立老年维权绿色通道，在立案窗口建立专业导诉队伍，为老年当事人提供"一对一"导诉服务，印制大号字体《老年专用诉讼指南》。二是建立以亲情形式完善庭前教育机制。通过拉家常的方式对老年当事人进行法律和政策释明，让老年当事人充分了解诉讼程序，倾听他们的真实想法；对子女等涉老案件的其他当事人开展亲情教育、敬老爱老教育，视情况安排亲属与老年当事人进行接触，让亲人帮助法官与老人进行沟通,在庭前力争舒缓矛盾。三是完善涉老审判工作机制。主动释明涉老案件中关键的法律法规,努力还原案件事实,加大依职权调查取证的力度,多走访居民委员会、街坊邻居。对属于家庭内部的涉老案件,深入了解老年人家庭内部的矛盾冲突,以调解为主线,保护老年人与子女的亲情关系,强化案后回访,动态掌握老年人案后生活状况,及时解决实际困难,为老年人晚年生活提供更加有力的司法保障。如在老年人离婚、赡养等案件中,老年人希望随子女共同生活,子女对是否随其共同生活以及随哪位子女共同生活问题协议不成的,由法院根据具体情况,按照最有利于老年人的原则处理。四是建立涉老刑事案件预防宣传机制。加大涉老群体普法力度,减少受骗事件发生和降低受骗概率。将审判与普法相结合,通过公开审理、以案说法的方式进一步提高老年人法律意识。深入社区、街道开展普法宣传,召开普法讲座注重老年人心理层面的引导。善用媒体力量形成全社会共同预防"涉老案件"的浓厚氛围。

围场法院的案例体现出,适老型诉讼服务机制需要贯穿诉前、诉中、诉后的全过程,建立新方法、新渠道,为老年人提供更精准、高效、便捷的诉讼服务,以提高老年诉讼参与人司法获得感,让老年当事人在诉讼活动中切身感受到舒适、暖心。

二、构建老年犯罪人暂缓起诉制度

老年人犯罪问题也越发成为一大值得考量的社会问题。为适应我国老龄化治理的现实需求,有必要进一步优化老年人犯罪的处置模式,探究适老型刑事诉讼特别程序。

国内已有研究注重从老年被追诉人减少剥夺自由刑适用、刑罚执行人性化等方面探究老年人犯罪的轻缓化处理模式。但笔者认为,刑事实体的从宽处罚机制对老年犯罪的治理有效性与合理性存在争议,因为老年犯罪的"再生"趋势明显。部分涉案老年人由于家庭不和谐、子女疏忽等,存在以犯罪的形式宣泄其不良情绪的倾向。一旦这些老年人形成惯性的情绪表达形式,便直接增加了重新犯罪的可能性。从根本上来说,实体上的从宽处罚机制着力点在于对老年弱势群体的特殊保护,但忽略了对老年犯罪原因的追溯以及老年犯罪人的矫治教育,只达到"治标",而没有达到"治本"的效果。针对这一问题,我国已有学者在探索适老型刑事诉讼机制的相关研究。其中,有学者以我国未成年人附条件不起诉为参照,提出要构建老年犯罪人暂缓起诉制度,即对老年犯罪人的附条件不起诉制度。然而,老年被追诉人暂缓起诉制度与我国的未成年人附条件不起诉制度虽然有一定程度上的功能相似性,但二者在适用对象、制度目的等方面存在诸多不同。因此,对适老型刑事诉讼特别程序正当性的研究有待深化探讨,具体的制度设计也需要进一步精细。

三、老年犯罪的溯源治理

现有的老年犯罪治理理论研究过于重视对行为人的宽缓处理。有学者认为,有必要建立老年犯罪从宽处理法律机制,将老年犯罪从宽处罚这一理念以法律条文的形式呈现。这种重视老年犯罪宽缓处理的治理方式可能导致无条件放纵老年犯罪人的不良后果。从根本上说,上述治理方式缺少矫正老年被追诉者行为的考量,一味地从宽处理往往不利于老年犯的教育矫正,也无法从根本上改变老年犯所处的生活环境,更无法帮助其回归社会。在实践中,自 2009 年起,上海检察机关便开始探索老年人犯罪案件专业化办理。经过 10 余年的发展,在老年人司法保护领域已形成了"捕、诉、监、防、研""五位一体"的"上海模式",在司法保护、打击惩处、犯罪预防综合治理等方面形成了一系列工作机制。"上海模式"所采用的"暂缓起诉"的策略,并不等同于不起诉或对老年人过度的"从轻发落",其保留了对涉罪老年人的起诉权,并在考验期内给涉罪老年人设置了各种惩罚性措施以及针对性的帮教项目,能够有效矫治教育老年犯罪人。如果涉罪老年人在考验期内不能达到改造的效果,检察机关将重新对其提起公诉,这体现了犯罪控制的价值追求和溯源性解决问题的方略。2021 年 10 月，上海市人民检察院发布了上海市检察机关《关于加强老年人司法保护的意见》，其中提到，通过“暂缓起诉”的工作模式，2019 年 1 月至 2021 年 10 月，上海市检察机关办理公安机关移送审查起诉老年人犯罪案件 5106 件 6337 人，不起诉 761 件 818 人，不诉率为 12.9%。“上海模式”有效的办案方法使上海市近年来的老年犯罪案件得到有效控制。其中，最为亮眼的便是，上海市检察机关对涉罪老年人并不仅仅在形式上从宽处置，而且更加注重分析案件背后的原因，由专业化办案组针对涉案老年人特点开展教育、引导等工作，使涉罪老年人接受教育矫治，更好地回归社会。“上海模式”的有益实践证实了对于老年人犯罪的处理，并不能一味从宽，更要注重对于老年人犯罪的溯源治理，注重对犯罪原因的消解，否则无法在权利保障与犯罪控制二者之间达到良性平衡。作为一种老年犯罪人的程序出罪机制，老年被追诉人暂缓起诉制度符合对老年犯罪人适当性轻缓处理的社会需求。

未成年人附条件不起诉的考察帮教模式的优化探讨中，有学者表示，可以考虑由社区矫正机构对附条件不起诉对象进行监督考察，其从刑事执行统一性、整合司法资源、刑事执行工作与监督考察工作契合性等角度论证了将考察帮教工作纳入社区矫正的可行性。同时，也有学者认为将被不起诉人纳入社区矫正进行帮教，可能会损及附条件不起诉制度的“去标签化”功能。有学者从第三方社会力量的助力角度提出，有必要引入专业性的社会力量参与支持对附条件不起诉的未成年人教育挽救。结合对未成年人附条件不起诉监督考察的现有研究，笔者建议，在老年人暂缓起诉后的监督考察工作中，可以借鉴未成年人案件改革的成功经验，探索建立以社区矫正机构为中心，吸纳多方公益组织合力参与的多元化监督考察模式。

第一，社区矫正机构承担涉罪老年人的考察帮教工作具有合理性。一方面，社区矫正机构的适用对象与暂缓起诉的涉罪老年人存在相似之处。对涉罪老年人暂缓起诉正是因为其行为的客观社会危害性较小且主观上有悔罪表现。社区矫正对象与其具有相似特点。例如,社区矫正中的管制犯就是因行为社会危害性较小,故刑事审判中采取非监禁刑;缓刑犯属于“被判处拘役、三年以下有期徒刑”且“犯罪情节较轻”的情形。这说明暂缓起诉的涉罪老年人和社区矫正对象都具有“社会危害性较小,认罪态度较好”这一特点。另一方面,社区矫正机构既有的成熟体系可以运用在考察帮教中,实现资源有效共享。目前,全国已经有70余万社区服刑人员,绝大多数区、县已经建立了社区矫正机构,配备有专门从事社区矫正的工作人员。负责社区矫正的工作人员具有相当成熟的监管和矫正经验。虽然社区矫正仍有一定的局限性,但其丰富的矫治经验以及成熟的制度体系完全能够契合暂缓起诉下考察帮教的制度需求,实现现有司法资源有效共享。

第二,考察帮教工作本质上的社会性使其应当吸纳多方社会力量参与。监督考察工作是一项完全不同于传统办案审查证据和运用法律的社会化工作,也是一个多方主体参与互动的过程。对老年被追诉人暂缓起诉制度的有效施行,必然需要多方社会力量的助力。在寻找社会力量支持的过程中,以实现老年人监督考察工作专业化与社会化并行为目标,寻求公益性社会组织的针对性帮扶,例如,司法社工团体、基层自治组织、老年协会、妇女联合会、卫生健康委员会、红十字会等组织。现阶段,有必要驱动现有的社会资源,整合社会力量形成合力,参与支持涉罪老年人的矫治帮教工作。

四、适老型诉讼机制的建构理念

“适老”这一关键词体现了新的老年人司法理念,或可称为新的司法“老年观”,其中蕴含着“积极老龄化”“友好型数字化”等核心理念。在这一框架下,“适”有三层含义:一是主体“适应”,即老年人能够适应诉讼环境;二是制度“适合”,即现行制度能够满足老年人的特殊需求;三是服务“舒适”,即诉讼服务能够提供老年人友好的体验。而“型”则意味着相关的制度安排和服务措施已经更加成熟、定型。因此,适老型诉讼机制的构建应当从三个层次进行：首先，在第一层次上，要让老年人能够更加适应进入法院的过程，这就要求诉讼场所进行适老化改造，以体现“硬件友好”；其次，在第二层次上，要让老年人在法庭上能够更容易进行交流，这需要审判组织在专业化上进行提升，体现“法官友好”；最后，在第三层次上，要让老年人在诉讼过程中能够获得更多尊重和支持，这就要求构建一套更加符合老年人身心特点、体现其诉讼主体地位的服务体系，进一步促进其平等参与诉讼。

当前适老性诉讼机制大多对未成年人保护机制的相关经验进行参考，因为相比于老年人，未成年人的特殊司法保护在立法条文、制度安排以及实践操作方面已经相对完备，相关的理论研究也较为丰富，且老年人和未成年人在特殊司法保护的基础上有许多相似之处。然而，适老型诉讼机制并不等同于未成年人司法保护机制的“老年版”，二者之间依然存在显著的差异。

适老型诉讼机制的基本功能在于识别老年当事人诉讼行为能力的“弱点”，并有针对性地提供特殊保护。法律中的“诉讼行为能力”源于对“行为能力”的认定，而“行为能力”本身可分为“识别能力”和“控制能力”两部分，主要由个体的生理状况和心理状态决定。在刑法中，“辨认能力”和“控制能力”是刑事责任能力的核心，而在民法中，则强调“辨认能力”作为民事行为能力的重要标准。具体而言，“辨认能力”可以细分为“理解能力”和“表达能力”，其中“表达能力”指的是能够通过言辞、行为等方式表达出具有法律意义的“意图”或“意愿”。

为此，在比较“老年人”和“未成年人”行为能力时，可能需要进行更深入的分析。通常情况下，个体的体力和智力与年龄密切相关，随着年龄的增长，身体和心智状态逐渐从高峰走向衰退。老年人的衰弱过程常常表现为某些行为能力的减弱或丧失，特别是在处理某些复杂事务时可能出现困难，这通常与精神、认知等方面的衰退相关。

民事法律领域，达到无行为能力或限制行为能力程度的个体，法律通常会为其设立监护人制度或法定代理制度，并通过民事诉讼特别程序来解决其行为能力的认定问题。这一规定同样适用于"无行为能力"或"限制行为能力"的老年人。然而,除这些群体外,还有大量具备诉讼行为能力的老年人,他们能够亲自进行诉讼,并通过自己的行为行使权利和承担诉讼后果。《民事诉讼法》和《行政诉讼法》明确规定了"无诉讼行为能力"或"没有诉讼行为能力"的情形,而与之相对的则是"有诉讼行为能力"。普遍的理解是,前者对应"无民事行为能力"或"限制民事行为能力",而后者对应"完全民事行为能力"。然而,在实际情况中,许多老年当事人虽然未达到"无诉讼行为能力"的标准,但由于其行为能力不足,他们在辨认和适应现代诉讼程序,尤其是当前智慧法院系统的应用方面存在困难。因此,我们可以将这一群体称为"弱诉讼行为能力"的老年人,这正是适老型诉讼机制首要服务的群体。

"克莱恩认为,民事诉讼法在维系整体法秩序中具有重要作用,而正确认定事实是实现这一目标的前提。脱离了发现真实这一目标,民事诉讼制度无异于'空转的磨盘'而毫无意义。换言之,程序正义固然重要,但发现实体真实却带有根本性。认定事实是正确'诊断'过程,而适用实体法是'治疗'过程。"刑事诉讼与行政诉讼也需要发现真实。这个"真实"包括案件的实际情况与当事人的真实请求(意愿)。那么,据以查明案件事实的关键,则在于当事人真意表达以及举证。具言之,诉讼当事人需要准确表达诉讼请求(或者抗辩);并依法承担举证责任。在诉讼中发现真实,必须借助当事人和证人口头叙述、出示证据、质证辩论,然后才是法官审查判断。在涉及老年人的案件中,司法者更容易遇到困扰和纠结:许多老年人的诉讼行为能力虽然看似合格,但在复杂和专业的诉讼过程中,他们的意思表示往往不够准确、不客观、不全面,甚至反复变化;提供的证据与其主张的关联性不强,完整性不高,支撑不足,从而无法形成法庭能够认可的证据链。

据此,适老型诉讼机制的建构,必须充分考虑老年当事人自身诉讼行为能力以及外部诉讼支持等方面的弱势与不足,对其作出补强以与对方形成平等对抗。尤其是在老年当事人诉讼主张缺乏充分证据、可能导致案件事实真伪不明时,避免机械适用“谁主张,谁举证”举证规则,强调依职权展开充分调查,还原客观真实。之于“弱诉讼行为能力”的老年人,适老型诉讼机制就是便利其获取证据、发表意见。

基于前述比照研究,可见“一老”“一小”两类群体在司法保护上的“大同而小异”,故可参照成年人诉讼机制,全面建构我国适老型诉讼机制。建构适老型诉讼机制,应涵盖各大诉讼门类以及单个诉讼全流程,在法官及辅助人员专业化、设备设施适老化、支撑性制度规则等方面进行深度研究、科学设计,多维进向,全面拓展。具体主要包括以下四个方面。

一是建立专门审判组织。参考少年审判机构的做法,于法院内部设立专业化涉老案件审判庭,至少应当是专门合议庭,选择涉老审判经验丰富、熟悉老年人生理、心理特点,通晓当地方言,一般而言年资较长的员额法官组成,负责重大、疑难、复杂涉老案件的审判执行。

二是建立能力补强机制。以老年人诉讼行为能力为起点,从老年当事人和裁判者两个方向展开全流程设计,重点针对诉讼环节适老规则与数字鸿沟跨越措施,提出并落实契合司法程序实质正义的机制安排。

三是改善硬件服务设施。在诉讼服务中心和人民法庭建设适老诉讼服务专区,建成无障碍通道,设立立案绿色通道、优先窗口,配备老花镜、轮椅、急救箱等适老设施,印制大字体诉讼指南,提供智能司法设备使用指导。开设心理疏导室并提供心理服务,消除老年人涉诉心理压力。

四是建立多维支持体系。参照未成年人特殊司法保护机制,推动更多社会力量参与涉老纠纷化解、司法救助、心理干预等,让老年人从各方面获得实质解纷相关帮助。

确立制度与引入规则时应更多照顾老年人诉讼行为能力特点,考虑其本人参与诉讼的普遍性要求与对诉讼程序及服务的多样性需求,并为公正高效裁判提供机制助力。

以年龄划定为主,将老年当事人以60岁至69岁为一级(稍弱),70岁至

79 岁为二级(较弱),80 岁以上为三级(弱),同时叠加考察其辨认、理解、表达、控制能力,以及通常知识与涉纠纷专业知识水平、数字司法适应能力等,对老年人诉讼行为能力进行差异化识别和评估分级,而不仅区分为“有诉讼行为能力”或“无诉讼行为能力”。具言之,掌握老年当事人的年龄、文化、职业、住所地以及健康状况等基础信息,尤其是分析其对诉讼活动的理解力、适应度以及在线诉讼的能力等,并在诉讼过程中动态关注老年当事人因“能力不足”可能导致的记忆、交流、理解力、情绪等认知变化与行为迹象,相应进行诉讼行为能力等级细分,匹配不同的诉讼支撑措施。具体将老年人诉讼行为能力分为以下三类。

第一类是身体健康、精神状况正常、听说读写能力较强,能参与诉讼流程的老年人,即“有诉讼行为能力”,无须特殊对待。第二类是因民事行为能力受限无法自主行使诉讼权利义务,依照《民事诉讼法》第十五章“特别程序”第四节之规定认定为“无民事行为能力”“限制行为能力”的老年人,在诉讼中作“无诉讼行为能力”者对待,由其监护人作为法定代理人代为诉讼。第三类是介于“有”和“无”之间的“弱诉讼行为能力”的老年人,分为:受疾病等影响无法自主行动,或者因文化水平有限等无法完全理解诉讼权利义务,仅能简单参与诉讼流程的老年人;因年事已高等导致听力障碍、言语表达不流利,或者参与诉讼流程存在重大困难但尚未达到限制民事行为能力程度的老年人。前者的诉讼行为能力稍弱,应给予倾向性照顾;后者的诉讼行为能力弱,应给予特殊性照顾,特殊照顾的具体内容,可包括以下几种:

一是宽容措施,即更加关注和照顾老年当事人的身心特点与需求的程序安排。如在刑事诉讼中引入“不伤害原则”,强调限制对老年犯罪嫌疑人、被告人单次审讯时长,避免不必要的反复审讯,允许在刑事庭审中坐着受审,羁押场所安排单独关押等。

二是能力支持措施,辅助弱诉讼行为能力的老年当事人参与诉讼,为老年人安排庭前辅导、引入亲友陪同诉讼、扩大法律援助范围、获得基层组织支持等。鉴于老年当事人普遍举证能力低,可要求法官更多依职权查明证据、认定事实。再如,在特定类型案件中设置“缓冲期”使其可在更长的时间内从容作出决定。针对理解力弱、决断犹豫且多反复的问题,由法官对其权利义务可能产生重大影响的事项,采取重复、释义、反馈、纠正与总结,确保充分理解后再作决定。

三是处断辅助措施,帮助裁判者查明案情、作出处断,强化真实意愿查明,防止法官错误认定其表达错乱、不明的真实意思。严格代理审查机制,防止家人、亲友和委托代理人利用信息优势而为代理侵权。在证据单薄或涉历史遗留问题时,可引入基层组织代表和熟悉社会背景、具有相关知识的人士组成“观察团”“评议团”,帮助法官认定事实和适用法律。

总而言之,适老型诉讼机制旨在为老年人提供平等有效的诉讼参与机会,特别是针对老年人“弱诉讼行为能力”的问题,提供必要的支持与补充。通过设立专门审理涉老案件的审判组织,改善诉讼设施和硬件设备,制定适老化的诉讼规则,确保老年人能够在司法过程中得到充分保护。此外,通过跨越数字鸿沟和增强心理支持,适老型诉讼机制为老年人创造更加友好的司法环境,确保他们能够平等行使诉讼权利,促进司法公正与社会公平的实现。

五、“乐龄式”数字司法

适老型诉讼机制的建设,紧密围绕老年人“弱诉讼行为能力”的问题展开,由于许多老年人在诉讼中面临生理和心理的双重挑战,他们往往难以适应现代司法程序。因此,除了传统的法律支持外,我们还需要通过数字化技术提供更适合老年人的诉讼服务。随着数字司法的快速发展,必须更加注重“技术适老”,建立一个全流程、无障碍的数字化诉讼体验平台。这不仅是提供简单的技术工具,还要从“老年人的需求”出发,设计多元化、个性化的服务模式,满足不同老年人群体的诉讼需要。

具体而言,平台应该根据“老年体验”进行功能优化,提升使用便捷度和流畅性,确保老年人能够轻松操作。同时,考虑一些老年人可能不熟悉现代科技,可以探索"线上陪同诉讼人"机制,提供实时的帮助和支持,确保他们在诉讼过程中不感到孤立无援。这种做法不仅体现了"数字正义",还能够有效弥合数字鸿沟,使老年人能够平等地参与到司法过程中。

与此同时,适老型诉讼机制的构建需要全社会的共同努力。除了司法部门的积极作为,政府和社会各界也应当共同推动。基层法院可以在审判和执行过程中自主探索并创新适老化措施,公安机关和检察机关则可以在刑事侦查和检察工作中尝试不同的适老措施,积累经验。随着实践的不断深化,司法机关可以总结经验,发布专门的操作指引,关于体例,可考虑参照《刑事诉讼法》将"未成年人刑事案件诉讼程序"纳入"特别程序"编进行专门规定的做法,在各大诉讼法以专章、专节形式或者与"未成年人案件特别程序"合并作为"特殊群体案件特别程序"予以规范,明确办理涉老年人案件的方针与原则,并在诉讼立案、审理(包括侦查、审查起诉)、执行等诉讼基本程序中,对上述优待宽容措施、能力支持措施和处断辅助措施等作出全面规定。同时,辅之以细化实施的司法解释和配套规定,如各司法机关办理涉老年人民事、刑事、行政、执行案件的具体程序规定,审理具体类型涉老年人案件适用法律的意见或解释,老年人法律援助服务指引,老年罪犯社区矫正工作细则等,进而形成体系完整的适老型诉讼机制。遵循数字司法快速迭代的现实趋势,更多关注"技术适老"。树立老年友好型数字化理念,搭建全流程数字化诉讼体验场景,提供更加"乐龄"的自助式、个性化智慧司法服务,弥合数字鸿沟。根据"老人需求"提供多元模式选择,满足不同老年人诉讼需要;以"老年体验"推动平台功能适老,提升应用便捷度与流畅性;以"老人视角"优化场景应用,探索"线上陪同诉讼人"机制,彰显数字正义。

总的来说,适老型诉讼机制的建设,旨在为老年人提供一个更加公平、便利的司法环境,确保他们能够在诉讼中平等行使权利。通过加强数字化技术的应用,优化诉讼流程和服务设施,确保老年人能够跨越技术和心理上的障碍,顺利参与诉讼。同时,适老型诉讼机制的构建需要多方合作,包括司法机关、政府部门、社会组织等共同努力,不断积累实践经验,推动相关措施的完善和制度化。随着这些机制逐步成熟,我们有理由相信,适老型诉讼将为老年人群体提供更好的法律保障,推动社会公平正义的实现。

第三节　关于新增老年投资顾问服务

在新经济发展格局下,互联网金融成为新经济的重要引擎,给我国金融市场发展带来巨大影响。我国老龄化进程的不断加快导致老年群体增加,金融市场中涉老年人金融市场占比不断扩大。人口老龄化给商业银行、保险公司、证券公司等传统金融机构的金融互联网业务提供了发展空间和成长机遇,但是数字鸿沟成为影响老年群体利用金融互联网业务的不利因素,制约了金融互联网的发展当前。随着移动互联设备的更新发展,金融市场应用移动互联设备进行金融活动及金融产品操作占比进一步扩大,线下金融交易场最进一步被线上金融应用等逐渐取代,但这一现象却加深涉老年人金融市场中老年群体“数字鸿沟”,不利于老年群体参与金融市场活动,并可能损害老年金融投资者权利,导致财产受损,从而不利于我国金融市场稳定发展,为我国金融安全带来挑战。部分人群由于数字科技的固有特征、不均衡传导以及社会既有结构等客观因素,导致权利缺失、能力不足,进而显现出地位边缘、资源匮乏、易受挫伤的弱势属性,已经沦为“数字弱势群体”。[①] 因此,如何对老年金融投资者权利进行法律层面的保护,缩小涉老金融市场中老年群体面临的“数字鸿沟”,是老龄化趋势加深背景下我国亟须解决的问题。

---

① 参见赫国胜、柳如眉:《人口老龄化、数字鸿沟与金融互联网》,载《南方金融》2015 年第 11 期。

一、老年金融投资者数字鸿沟：成因与现状

根据世界经济合作与发展组织《理解数字鸿沟》报告，数字鸿沟被定义为“个人、家庭、企业、不同社会经济发展水平的地区，在享用信息和通信技术的机会以及利用互联网从事各项活动的水平之间的差距”[①]。对于老年群体来说，数字鸿沟主要是指老年群体因年龄、认知等因素造成访问或利用互联网技术、接收信息的机会不平等。随着我国涉老年人金融市场的进一步扩大，老年金融投资者较一般金融投资者参与金融市场活动存在显著劣势，形成了独特的数字鸿沟。

二、老年金融投资者数字鸿沟表现形式

1. 认知鸿沟

老年群体对互联网技术认知程度较低，面对新兴互联网技术不能及时得到信息反馈，但随着互联网经济的发展，购买金融产品需要操作复杂的移动设备，这对老年金融投资者是挑战。与一般金融投资者相比，老年群体由于年龄因素对金融市场投资活动中的金融产品认知程度较低。对于新兴的利用移动技术运行的金融应用及金融产品，老年金融投资者无法正确理解金融应用的操作内容和技术设置，老年群体在互联网技术及其应用的认知程度普遍较低，这一点在金融领域尤为明显。数字时代已经成为权利进步的新时代，数字工具（如互联网、人工智能、区块链技术等）已经成为实现数字化转型所生成的新型人权的助推器。[②] 随着互联网经济的蓬勃发展，购买和管理金融产品越来越依赖于操作复杂的移动设备和应用。相较于年轻的金融投资者，老年人在理解新兴金融产品和服务方面面临更大的挑战，尤其是那些基

---

① 参见高一飞：《智慧社会中的“数字弱势群体”权利保障》，载《江海学刊》2019 年第 5 期。

② 参见杨学科：《第四代人权论：数字时代的数字权利总纲》，载《山东科技大学学报（社会科学版）》2022 年第 2 期。

于最新移动技术的金融应用。由于这种认知差距,老年金融投资者在理解金融应用的操作流程和技术细节方面可能遇到困难,这不仅限制了他们在金融市场的参与度,同时也大幅增加了涉老年人金融市场投资风险。

2. 操作鸿沟

从技术的复杂性程度来看,老年群体在数字技术的应用和操作上处于劣势,并且心理上对数字网络缺乏信任,导致在金融活动过程中的操作存在很大困难,一旦操作失误即会导致财产损失,造成权利侵害。新兴的金融产品和服务往往要求用户具备较高的数字技能,包括但不限于对移动支付系统、在线银行服务以及投资平台的熟练运用。然而,老年群体普遍缺乏系统的数字教育和培训,这直接导致他们在操作这些金融工具时遭遇重大困难,增加了操作失误的概率,进一步扩大了潜在的经济损失风险。老年群体对数字金融平台的低信任度同样加剧了操作鸿沟的问题,涉老年人金融市场信任度的缺失不仅源于老年群体对技术的不熟悉,还与其对在线交易安全性的普遍担忧有关。老年金融投资者往往对移动金融交易方式持保留态度,个人信息泄露与金融诈骗成为老年金融投资者担心的主要因素,操作鸿沟降低了老年金融投资者使用数字金融服务的意愿,限制了老年金融投资者参与数字金融市场的活动范围。

3. 知识技术鸿沟

老年群体中不少人都缺乏金融素养和数字素养,在数字普惠金融服务中处于劣势地位。在金融知识及数字技能方面,老年金融投资者与一般金融投资者相比同样存在差距。这种双重差距不仅影响了老年群体有效利用数字金融服务的能力,也限制了其对金融产品的理解和评估能力。随着金融服务数字化程度加深,金融知识的获取、处理和应用越来越依赖于数字技术。这一转变对老年人提出了更高的要求,加剧了他们的知识技术鸿沟。现有的金融教育资源忽略了老年群体的特定需求,无法对老年金融投资者的现状进行有针对性的金融知识弥补,有意愿主动融入数字社会的老年人,也可能因为缺乏学习资源和社会支持而无法掌握其使用方法[①]，进而直接削弱老年金融投资者的决策能力，使老年群体在金融决策过程中更容易受到误导，导致其在金融市场中的权利受到损害。

三、老年金融投资者数字鸿沟

（一）制定针对性法律，适应数字化金融环境

明确老年金融投资者在数字金融环境下面临的主要风险和挑战，是制定针对性法律的前提。这些风险包括但不限于金融诈骗、个人信息安全、服务可访问性不足等。通过精细化地需求分析，法律制定可以更加有的放矢，针对性强。在制定针对性法律时，应遵循保障老年金融投资者基本权益的原则，确保法律既有利于老年人安全、公平地参与数字金融活动，又能促进整个金融市场的健康发展。

在这一过程中，应广泛听取金融监管部门、金融机构、老年人代表以及社会各界的意见和建议，确保立法工作全面、细致，能够真正反映老年金融投资者的需求和期望。同时，也应当根据我国老龄化发展现状的实际，鉴于数字金融领域的快速发展，制定的针对性法律需要具备动态更新机制，确保法律规定能及时反映新的技术和市场发展情况。这要求立法机关和监管部门保持高度的警觉性和灵活性，及时进行法律的评估和修订。

（二）优化金融服务模式，创新适老化金融产品与服务

在保护老年金融投资者的合法权利方面，金融机构发挥着不可替代的作用。为了实现对老年金融投资者的保护，金融机构必须采取一系列综合措施，设计易于理解且操作简便的适老化金融产品，加强针对老年人的金融知识教育和风险意识提升，改进服务接入和用户体验，确保服务界面的老年友

---

① 参见陈际华、武豪：《后疫情时代老年人数字鸿沟弥合路径探究——基于社会支持的理论视角》，载《湖北农业科学》2022 年第 2 期。

好性并提供多样化的服务渠道。金融机构还可以建立一个简便高效的投诉和反馈机制,确保老年客户的声音被听见并得到快速响应。通过这些措施的实施,金融机构不仅能有效维护老年金融投资者的合法权利,还能促进老年群体对数字金融服务的广泛接纳,推动构建一个包容、公平的数字金融环境。这一系列措施反映了金融机构在保护老年金融投资者合法权利方面的责任和义务,也是实现金融服务全面包容性发展的重要环节。应要求金融机构在服务设计上更多考虑老年人的操作习惯和理解能力,如通过简化认证流程、提供更清晰的服务界面和详尽的风险说明,确保老年人能够安全、便捷地使用数字金融服务。加强对这些服务和产品质量的法律监管,确保其透明公正也是保护老年金触投资者权利不可或缺的一环。通过这样全方位的法律支持和监管保障,能够有效地帮助老年金融投资者跨越数字鸿沟,享受平等、安全的金融服务,从而在数字金融时代保障老年金融投资者权利的充分实现。

(三)立法促进金融教育,强化老年群体的金融素养与权利保护

在快速演变的数字金融环境中,老年金融投资者面临显著的信息不对称和不断增加的金融诈骗风险,提升老年群体金融素养成为关键的解决途径。通过制定专门法律或政策,从政策层面鼓励并要求金融机构、教育机构和社会组织协同作战,共同开展系统的、有针对性的金融知识普及活动,特别强调这些活动需要适应老年人的学习习惯和认知特点。明确监管机构的角色,规定对金融教育活动的监管和评估机制,以保证教育内容的质量和教育成效的可衡量性。在数字化金融时代,老年金融投资者所面临的挑战不仅是技术层面的,更多的是对新兴金融产品和服务认知上的差距。这种差距导致他们在享受数字金融带来便利的同时,也面临较高的风险。通过立法为金融机构参与老年金融教育活动提供激励,如税收优惠、信誉评价加分等。在对老年人金融教育的同时,法律强化对金融诈骗行为的处罚,以形成对犯罪行为的有效震慑。这包括设立专项机构跟踪和打击针对老年人的金融诈骗活动,以及建立金融诈骗受害老年人的救济机制。法律应鼓励通过多种渠道开展金融教育，包括线上平台、社区中心、老年大学等，以适应不同老年人的学习习惯和偏好。此外，还应推动金融知识进入公共媒体和日常生活，提高金融教育的普及率。

（四）构建老年金融保护框架，强化救济机制与权利保障

成立专门的老年群体保护组织不仅能为老年人提供关于数字金融服务的咨询与法律援助，还能通过宣传教育活动提高他们的金融知识和网络安全意识，同时，向政府和监管机构提出基于老年人实际需求的政策建议。此外，法律和政策还应致力于完善老年金融投资者的权利救济机制，包括简化救济程序、设立专门救济窗口以及建立紧急响应机制，以确保老年人在权利受侵害时能够获得及时有效的救济。这些措施的实施，不仅能够为老年金融投资者提供实时、有效的保护和支持，还将在宏观上推动社会对老年群体权利保护的重视，促进数字金融环境的公平性和包容性。通过法律和政策的有力支撑，这一综合性保护框架有望落地生根，为老年金融投资者在数字时代提供坚实的安全网。

结　　语

老年人的权益保护不仅是法律领域的一个分支,还是社会各界必须共同关注的重要议题。本书通过深入解析民事、刑事、行政等多个法律层面的规定与案例,揭示了老年人所面临的法律挑战与权益维护的重要性。在银发经济的背景下,老年人群体的法律需求变得更加多样化,涉及养老、医疗、消费等方方面面,如何通过法律手段有效地保障这些权益,已成为社会、法律服务行业和老年人自身都必须关注的问题。本书不仅为老年人提供了法律维权的工具和策略,也呼吁相关立法、司法和行政部门继续完善老年法律保障体系。无论是进一步健全老年人法律援助制度,还是创新老年人专门诉讼程序,未来的老年法律服务体系需要在公平与效率之间达到平衡。同时,老年人及其家属在面对复杂的法律问题时,也应主动提升法律意识,充分利用现有法律工具维护自身权益。通过法律的规范与保障,我们可以为老年人创造一个更加安全、稳定、尊严的生活环境。希望本书能够为老年人及相关法律从业者提供有益的帮助,促进老年群体在新时代中的权益保障。由于作者能力有限与考虑、准备的不充分,本书仍存在诸多不足及一些纰漏,恳请广大读者老师们批评指正。另要感谢西南政法大学学生刘思琦、唐世杰、董靖怡的支持!

刘　海

2024 年 9 月 30 日

于北京盈科(上海)律师事务所

李 华

盈科律师事务所创始合伙人、副主任、盈科全国业务指导委员会主任。

李华律师作为盈科全国业务指导委员会主任，负责盈科体系内的专业化建设，带领盈科律师，构建出完整的专业化法律服务体系，包括研究院、律师学院、专业委员会及专业化建设法律中心，推动盈科律师专业化的法律服务，以适应法律服务市场不断细分的需要。在此基础上，通过集成各专业委员会纵深化的法律服务能力为客户提供综合性的法律服务。

全国律师行业优秀党员律师、北京市优秀律师、北京市律师行业优秀党务工作者，最高人民检察院第六和第七检察厅民事行政检察专家咨询网专家，中国人民大学法学院法律硕士专业学位研究生实务导师，《钱伯斯大中华区指南2023/2024》TMT：数据保护&隐私领域上榜律师，2024 The Legal 500亚太地区中国法域榜单金融科技领域推荐律师。

刘　海

北京盈科（上海）律师事务所高级合伙人，盈科全国及上海刑事法律服务中心副主任，盈科上海监事会副主任、知识产权法律事务部副主任，小法海团队主任，株洲、盐城仲裁委员会仲裁员，上海市宝山泛亚国际商事调解中心首批调解员，上海市浦东公证处遗产管理人等。2004年获得兼职律师执业证。西南政法大学硕士。自2014年从公务员转型从事专职执业律师至今，已有20多年的法律从业经验。曾参编蒋宏坤、韩俊为主编的《城乡一体化的苏州实践与创新》，编著《小法海文集》等。

团队执业领域为公司、知识产权、刑事控告辩护合规、老年权益与银发经济法律等。

个人荣誉： 曾先后获市优秀公务员和省委办公厅先进个人表彰。2019年获得盈科上海第二届青年英才和公益爱心大使荣誉称号，盈科上海第三届领军人才，连续三年（2020–2022）获得盈科全国优秀律师称号，2022年度盈科上海优秀共产党员等。

吴之仪

毕业于圣路易斯华盛顿大学知识产权与科技法专业，西北政法大学硕士，复旦大学本科。盈科上海知识产权法律事务部成员。

贾西贝

毕就读于西南政法大学，在校期间多次主持和参与科研课题，其中包括国家级科研课题一项，校级科研课题三项，院级科研课题两项，同时曾就养老经济问题提出一项政协提案。